Matthias Bormuth

Die Freiheit zum Tode

Versuch über Wolfgang Herrndorf

Matthias Bormuth

Die Freiheit zum Tode
Versuch über Wolfgang Herrndorf

Wallstein Verlag

In memoriam
Michael Schmidt-Degenhard
(1953–2020)

Bibliografische Information der Deutschen Nationalbibliothek
Die Deutsche Nationalbibliothek verzeichnet diese Publikation in der Deutschen Nationalbibliografie; detaillierte bibliografische Daten sind im Internet über http://dnb.d-nb.de abrufbar.

www.wallstein-verlag.de

Vom Verlag gesetzt aus der DTL Documenta
Druck und Verarbeitung: Hubert & Co, Göttingen

978-3-8353-5207-0

Inhalt

»Ich muss wissen ...«
Wolfgang Herrndorf
im Spiegel von *Arbeit und Struktur* 7

»Was uns den Stecker zieht ...«
Arbeit und Struktur in Resonanzen 48

Anmerkungen 70

Literatur 76

Dank 80

»Ich muss wissen …«
Wolfgang Herrndorf im Spiegel von *Arbeit und Struktur*

> Ja wohl bin ich nur ein Wandrer, ein Waller
> auf der Erde! Seid ihr denn mehr?
> Johann Wolfgang Goethe
> *Die Leiden des jungen Werther*[1]

> Ein tiefes Denken ist in ständigem Werden,
> es passt sich der Erfahrung des Lebens an
> und formt sich an ihr aus. Ebenso festigt sich
> die einzige Schöpfung eines Menschen in
> seinen aufeinanderfolgenden und vielfältigen
> Gestalten, seinen Werken.
> Albert Camus
> *Der Mythos des Sisyphos*[2]

I.

Wolfgang Herrndorf nahm sich am 26. August 2013 mit einem Revolver in Berlin das Leben. Ein Glioblastom ließ dem Schriftsteller nach dreieinhalb Jahren maximaler Tumorbehandlung keine Freiheit mehr, dem Handwerk des Schreibens nachzugehen. In Verbindung mit seinen Ärzten hatte er alle Möglichkeiten der technisierten Medizin ausgeschöpft, das bösartige Wachstum wenigstens vorläufig aufzuhalten. Seine Sprache war ihm zuletzt fast gänzlich abhandengekommen. Der Hirntumor drohte ihm nun auch die Kontrolle basaler Lebensverrichtungen endgültig zu entreißen. Die vollkommene Verohnmächtigung im Sterben wollte Herrndorf nicht mehr erleben. Er suchte einen Ort und fand ihn am Hohenzollernkanal, an dem er nachts für sich und durch sich selbst sterben wollte. So hatte er ein Dreivierteljahr vor seinem Suizid andeutend gebloggt: »Am Kanal entlangspaziert auf der Suche nach einem guten Ort, da der bisher bevorzugte Platz auf den Steinstufen mir mittlerweile zu fern und auch in der Nacht nicht menschenleer genug erscheint.«[3]

Auf den Tag genau zwei Jahre zuvor hatte Wolfgang Herrndorf zufällig in Berlin jenen Friedhof aufgesucht, an dem er heute neben anderen Größen der deutschen Literatur begraben liegt: »Dorotheenstädtischer Friedhof. Mein letzter Besuch schätzungsweise bei meinem Einzug vor fünfzehn Jahren.«[4] Der Schriftsteller liest die Inschriften auf den Grabsteinen mit laxem Witz nicht nur gegen den Strich ihrer religiösen und nationalen Intentionen: »Christlicher Unsinn, vaterländischer Unsinn. Dreißig Grad im Schatten. Schweiß läuft in die Schuhe, wenn man Heiner Müller auch im dritten Anlauf nicht findet. Brecht immer nett anzusehen, aber die Moderne nicht meine, alles, was typographisch über Paul Dessau hinausgeht lächerlich.«[5] Die Sätze lassen keinen Zweifel am polemischen Talent, das erstmals aufgeblüht war, als der vollkommen unbekannte Kunststudent für *Titanic* über Jahre im altmeisterlichen Stil in Bild und Wort die politische Kaste aufs Korn nahm.[6] Aber die veränderte Lebenslage lässt Herrndorf nun die bedrängende Frage nach dem, was bleibt, mit scheinbar wegwerfender Geste stellen: »Und was wünscht man sich selbst so? Hier ruht für immer? Für immer tot? Haut ab und besauft euch im Prassnik, ich zahl?«[7] Und zugleich enthüllt der Sterbenskranke selbstironisch den bangen Glauben an seine Mission: »Was ich vermutlich gut fände: Starb in Erfüllung seiner Pflicht.«[8]

Es ist erstaunlich, welch eine literarische Energie Wolfgang Herrndorf entwickelte, nachdem er im März 2010 von der Befristung seines Lebens erfahren hatte, die gestundete Zeit auf eine bis dahin nie gekannte Art zu nutzen. Der Schriftsteller entschied sich für einen streng geregelten Tagesablauf und ließ nun alle Berliner Eskapaden und Exzesse hinter sich, die er in *In Plüschgewittern* zu Anfang des neuen Jahrtausends detailliert beschrieben hatte. Der Protagonist aus der Provinz inkarnierte darin, aus Sicht des gutbürgerlichen Bruders, »Verweigerung, Kleinbürgeranarchismus, Querulantentum«. Entsprechend hatte sein erster Roman das Bohème-Leben verdichtet, durchaus mit autobiographischen Anleihen: »Unser Tagesrhythmus verschob sich immer mehr Richtung Nacht.«[9] Dagegen erfahren die Leser seines Blogs zehn Jahre später, als die infauste Prognose seinem Leben eine dramatische Wende gegeben hatte, dass der Autor die Sonne nun jeden Morgen emphatisch begrüßt: »Noch früher aufgestanden als sonst, um das Morgenrot zu sehen, wenn es eines gibt, aber es gibt keins. Wolkendecke, dünner Schneefall. Schwarzer Tee und Lektüre.«[10] Entsprechend bedauern die späten Notate die literarischen Anfänge: »Damals wusste ich ja keine Sekunde, wohin mit mir und meinem Leben, lief immer so mit und kam mir vor wie der letzte Mensch neben all den anderen, die unaufhörlich mit großen Projekten beschäftigt waren. Heimlich vor mich hin geschrieben und dann nachts von Ulrike in irgendwelche Kellerclubs im Osten geschleift worden, oder man musste auf das Dach eines verlassenen Hauses steigen. Meine Erinnerung verklärt das alles wahrscheinlich stark. Jahrtausendwende dann die größte Katastrophe überhaupt, und vielleicht war ich auch die ganzen Neunziger besoffen und verzweifelt. Ich weiß es nicht mehr, die Tagebücher habe ich weggeschmissen. 2002 dann die ›Plüschgewitter‹, die mir meiner Meinung nach helfen sollten, endlich irgendwas zu sein (Schriftsteller), 5000 Euro für zehn Jahre Arbeit, null Auflage trotz guter Kritiken in SZ und FAZ, am Gefühl, nicht existenzberechtigt zu sein, änderte das alles natürlich nichts.«[11]

Als dem Schriftsteller endgültig alle Hoffnung genommen wird, es könne sich bei der zerebralen Raumforderung um eine gutartige Geschwulst handeln, erfährt er von der beeindruckenden Haltung eines Schicksalsgefährten: »Noch am Tag der Histologie war Holm abends auf einer Party mit dem Journalisten T. ins Gespräch gekommen, dessen Vater ebenfalls ein Glioblastom hat und noch immer lebt, zehn Jahre nach der OP. Wenn ich wolle, könne er mir die Nummer besorgen. / Es ist vor allem dieses Gespräch mit einem Unbekannten, das mich aufrichtet. [...] Ich erfahre: T. hat als einer der Ersten in Deutschland Temodal bekommen. Und es ist schon dreizehn Jahre her. Seitdem kein Rezidiv. Seine Ärzte rieten nach der OP, sich noch ein schönes Jahr zu machen [...]. Er fing sofort wieder an zu arbeiten. Informierte alle Leute, dass ihm jetzt die Haare ausgingen, sich sonst aber nichts ändere und alles weiterlaufe wie bisher, keine Rücksicht, bitte. Er ist Richter. / Und wenn mein Entschluss, was ich machen wollte, nicht schon vorher festgestanden hätte, dann hätte er nach diesem Telefonat festgestanden: Arbeit. Arbeit und Struktur. Sonderbares Gefühl, mit einem gänzlich Fremden zu telefonieren und sich darüber zu unterhalten, wie man heimlich unter der Bettdecke weint. Rufen Sie mich nächstes Jahr wieder an. Ja, mache ich.«[12]

Wolfgang Herrndorf nahm sich die Begegnung mit dem Richter zu Herzen und beschwor in existentiellen Wendungen seine literarische Mission: »Gib mir ein Jahr, Herrgott, an den ich nicht glaube, und ich werde fertig mit allem (geweint)«.[13] Sein bisheriges Zweifeln und Zaudern ließ er mit der leidenschaftlichen Flucht in die Arbeit dauerhaft hinter sich und notierte glücklich im März 2011: »Mit Herrn T. telefoniert, der mir vor ziemlich genau einem Jahr zu Arbeit und Struktur rief. Ihm geht es gut, mittlerweile 14 Jahre ohne Rezidiv. Er ist jetzt 66 und vermutlich so was wie der Weltrekordhalter im Glioblastom. Fast jeden Tag des letzten Jahres an ihn gedacht. Dankbar.«[14]

Die gesundheitliche Krise hatte alle hemmenden Skrupel vertrieben, für die er im Freundeskreis berühmt und berüchtigt war, folgt man der Schriftstellerin Kathrin Passig, die seine Texte auch lektorierte: »Jahrelang spotteten wir, Herrndorfs Arbeitstag bestehe darin, das Komma auf Seite 203 herauszunehmen und nach reiflicher Überlegung doch wieder einzubauen.«[15] Der selbstkritische Autor geriet nun zeitweise sogar in manische Schaffensräusche: »Die letzten Tage den Jugendroman gesichtet und umgebaut, Übersicht erstellt, einzelne Kapitel überarbeitet, neue entworfen. Jetzt von Anfang an: Jeden Tag mindestens ein Kapitel. In spätestens 52 Tagen ist es fertig. Heute: Kapitel 1.«[16] Kaum zwei Wochen später reagiert Herrndorf ungeduldig: »Zwei bis drei Termine am Tag und stundenlange Wartezeiten. So kann ich nicht arbeiten. Acht Kapitel in zwölf Tagen.«[17] Die drängende Sorge um den Text lenkt ab, aber lässt den Sterbenskranken auch verblüfft erkennen, dass sein lange vor der tödlichen Diagnose begonnenes Werk *Tschick* dem Thema schon nahe war: »Der Jugendroman [...] ist voll mit Gedanken über den Tod. Der jugendliche Erzähler denkt andauernd darüber nach, ob es einen Unterschied macht, ›ob man in 60 Jahren stirbt oder in 60 Sekunden‹, usw. Wenn ich das drinlasse, denken alle, ich hätte es nachher reingeschrieben. Aber soll ich es deshalb streichen?«[18] Die Tätigkeit des Schreibens erfüllt Herrndorf und erinnert an glückliche Zeiten kindlicher Selbstvergessenheit: »Am besten geht's mir, wenn ich arbeite. Ich arbeite in der Straßenbahn an den Ausdrucken, ich arbeite im Wartezimmer zur Strahlentherapie, ich arbeite die Minute, die ich in der Umkleidekabine stehen muss, mit dem Papier an der Wand. Ich versinke in der

Geschichte, die ich da schreibe, wie ich mit zwölf Jahren versunken bin, wenn ich Bücher las.«[19]

Getrieben von seinem Wunsch, keine Zeit zu verlieren, überschreitet Herrndorf das strenge Zeitlimit kaum, so dass er Ende Juni 2010 mit skeptischer Zufriedenheit seiner Leserschaft verkünden kann: »Immerhin habe ich Korrekturen des Lektors jetzt im Haus. Die muss ich bis zum Wochenende durchgesehen haben. Marcus streicht einen korrekten Konjunktiv raus und ersetzt ihn durch den falschen: dass ich das noch erleben darf.«[20] Erschöpft hält er im Blog zwei Wochen später fest: »Hitzewelle, Schlaffheit. Manuskript ist abgegeben. Cover und Klappe sind fast fertig.«[21] Als kurz darauf der Korrektursatz eintrifft, verfällt der vulnerable Autor in rabiate Selbstkritik, als fehle dem Werk jede Form und damit jede Aussicht auf Anerkennung: »Die Fahnen sind im Haus. Lese sie maximal unbegeistert. Wobei das weder mit dem Roman noch mit meinem Zustand zu tun haben muss, das war beim Fahnenkorrigieren immer so. [...] Erinnere mich, wie ich im März in den ersten warmen Nächten am offenen Fenster saß, arbeitete und dachte, es ist eine Sache auf Leben und Tod. Und das war es vielleicht auch. Aber es hat sich im Roman nicht abgebildet. Stilistisch fragwürdige Pennälerprosa mit Allerweltseinfällen, als Ganzes strukturlos. Auch die letzte Szene – wen interessiert's?«[22]

Angesichts des mäßigen Erfolgs seiner bisherigen Bücher kann Herrndorf kaum ahnen, dass ihm in der bedrängenden Lebenslage ein großer Wurf gelungen ist. Nach dem anfänglichen Schweigen der großen Literaturbeilagen steigen Zweifel auf, welche nach der Frankfurter Buchmesse ob des raschen Absatzes des Jugendromans verfliegen: »Korrekturen für die zweite Auflage von ›Tschick‹ telefonisch an Marcus. Können aber wahrscheinlich nicht eingearbeitet werden, da sie sofort losdrucken müssen. Dann vielleicht in der dritten.«[23] Als sich im Internet die Verkaufszahlen überschlagen, reagiert Herrndorf bei aller anspielungsreichen Selbstironie beglückt: »Reload bei amazon. Mein kleiner Lada ist in Schlangenlinien am Buchpreis-Chevrolet rechts vorbei. Vargas Llosa liegt längst hinter ihm, vor ihm jetzt die Untiefen aus Vampiren, Gesetzbüchern und Wanderhuren. Ich glaube nicht, dass er noch weit kommt, aber wenn er vor Natascha Kampusch eine respektvolle Vollbremsung einlegt, ist das okay.«[24] Auf längere Sicht ist *Tschick* nicht zu bremsen, aber der Autor hüllt seine Triumphgefühle öffentlich in stolze Resignation: »Dass der Verlag praktisch jeden Tag anruft und neue Auflagen meldet, beruhigt mich und gibt mir das Gefühl, abgeschlossen zu haben.«[25] Ein Jahr später kann Wolfgang Herrndorf – scheinbar belustigt – registrieren: »›Tschick‹ jetzt Schullektüre auf Costa Rica, Bilder einer blau uniformierten Klasse, die unter Palmen sitzt und liegt und liest.«[26] Binnen kurzer Zeit war sein Buch zu einem internationalen Klassiker geworden, der über Länder und Erdteile hinweg das starke Gefühl jugendlichen Aufbruchs vermittelte. Noch wenige Woche vor seinem Tod freute er sich im Blog, dass eine alte Freundin eine der vielen Übersetzungen aus dem Regal zieht und aus dieser liest: »Ulrike, die ich eine Ewigkeit nicht sah, entdeckt in meinem Regal die taiwanische Ausgabe von ›Tschick‹ und liest mir den ersten Satz vor.«[27]

II.

Kaum ist *Tschick* beim Verlag, wendet sich Herrndorf im Juli 2010 dem zweiten Projekt zu, an dem er schon in den Vorjahren gearbeitet hatte. Aber vorerst scheitert sein Versuch, das Prinzip »Arbeit und Struktur« erfolgreich weiterzuführen: »Seit Tagen versuche ich, in den Krimi reinzukommen, gelingt nur teilweise. Ungleich schwerer als beim Jugendroman, wo ich den Erzähler einfach reden lassen konnte. Hier verliere ich immer wieder völlig den Überblick, starke Konzentrationsstörungen, ändere die Datei nach stundenlanger Arbeit zurück auf Anfang.«[28] Zwei Monate später rechnet er medizinisch nüchtern mit dem Schlimmsten: »Angesichts der Tatsache, dass morgen mit geringer (Ansicht des Arztes) bis mittlerer (Statistik, meine Ansicht) Wahrscheinlichkeit mein Todesurteil aus dem Faxgerät kommt, bin ich ganz gelassen, schlafe ohne Probleme und ohne Hilfsmittel. Vielleicht mache ich mir unzulässige Hoffnungen. Oder ich bin wirklich über diesen Quatsch mit dem Sterben hinweg.«[29] Aber der Wunsch, im Schreiben Halt zu gewinnen, verleiht Wolfgang Herrndorf die Kraft, die prekäre Situation der ungewissen Prognose zu meistern: »Wenn kein Tumorwachstum, setz ich mich an den Wüstenroman und hau ihn bis zum nächsten MRT zusammen. Im andern Fall: Werf' ich ihn weg und verleg mich aufs Blog. Was schade wäre. Korrekturleser meinten, es wäre das Beste, was ich bisher geschrieben habe.«[30] Die Leserschaft des Blogs folgt dem inneren Drama, das im Stile Hemingways oft auf jede emotionale Konnotation verzichtet: »Warte auf den Befund bei Dr. Vier. Ich kann ihm zur Begrüßung nicht ins Gesicht sehen. Setze mich in den Stuhl und warte, bis er den ersten Satz sagt. / Es folgt: Der Wüstenroman.«[31]

Im November 2010 nagt der Zweifel erneut heftig an dem kranken Autor. Herrndorf ist sich unsicher, ob er das einstmals begonnene Buch noch abschließen kann: »Mit der Diagnose leben geht, Leben ohne Hoffnung nicht. Am Anfang konnte ich mir immer sagen: Ein Jahr hast du mindestens noch. [...] Aber die Tage schwinden dahin, und mit ihnen die Hoffnung. Das Arbeiten wird immer schwerer. Die letzten Wochen krampfhaft Kapitel zusammengeschraubt, das Gefühl der Sinnlosigkeit überrennt mich.«[32] Trotz der resignativen Momente kommt der Roman langsam voran, so dass er zu Anfang des neuen Jahres notieren kann: »Seit zwei, drei Wochen arbeite ich wieder jeden Tag. Nicht so effektiv wie an ›Tschick‹, aber ich fange morgens an und höre abends auf. Mehr geht jetzt nicht.«[33] Ende März 2011 erfährt sein Publikum: »Der Wüstenroman biegt langsam auf die Zielgerade, aber die Zielgerade sind noch fast 300000 Zeichen. Kann man vermutlich beliebig kürzen, da es nur noch darum geht, den Helden aus dem Buch zu schreiben.«[34] Herrndorf ist glücklich, dem Einbruch der Krankheit in sein Leben mit der Maxime Arbeit und Struktur Paroli geboten zu haben: »Bilanz eines Jahres. Hirn-OP, zweimal Klapse, Strahlen-Temodal. 1 ¾ Romane, erster großer Urlaub, viele Freunde, viel geschwommen, kaum gelesen. Ein Jahr in der Hölle, aber auch ein tolles Jahr. Im Schnitt kaum glücklicher oder unglücklicher als vor der Diagnose, nur die Ausschläge nach beiden Seiten größer. / Insgesamt vielleicht sogar ein bisschen glücklicher als früher, weil ich so lebe, wie ich immer hätte leben sollen. Und es nie getan habe, außer vielleicht als Kind.«[35]

Aber als genau ein Jahr nach *Tschick* das zweite Buch fertig zu werden scheint, reagiert der Autor doch erschrocken: »Vorläufige Version des Wüstenromans zusammengeschraubt und an die ersten Korrekturleser geschickt. Danach sofort Gefühl der Leere. Was als Nächstes? Ich weiß es nicht.«[36] Allerdings zieht sich der Abschluss von *Sand* noch hin. Herrndorf ist Ende August erneut voller Selbstzweifel, die auch seine Ehe einbeziehen: »Ist der Roman jetzt eigentlich fertig? Wird er noch fertig? Geht es schrittweise in die Grube? Bin ich eigentlich noch mit C. zusammen? Ich weiß es alles nicht, und nichts davon interessiert mich. Alle seelische Energie ist aufgebraucht.«[37] In solchen Ambivalenzen trägt die Besinnung auf das Schreiben, gespiegelt in einem Traum: »Mit der schweren Tasche auf der Schulter stehen meine Chancen für eine Flucht nicht gut. Ich könnte die Tasche natürlich wegwerfen, aber da ist mein MacBook drin, mein Roman, meine Arbeit, mein ganzes Leben.«[38]

Während das literarische Roadmovie *Tschick* Herrndorf selbst begeistert hatte, da die beiden schulischen Außenseiter Maik und Tschick für eine begeisternde Utopie stehen, fällt es ihm nun wesentlich schwerer, die ernüchternde Dystopie *Sand* zu vollenden: »Lese meine eigenen Dialoge und stelle fest, dass ich das Missverständnis für das Wesen der Kommunikation halte. [...] Ich halte den Roman für den Aufbewahrungsort des Falschen. Richtige Theorien gehören in die Wissenschaft, im Roman ist Wahrheit lächerlich. Das Unglück, die neurotische Persönlichkeit, das falsche Weltbild, das falsche Leben, das in den Abgrund führt. Das Böse. Die Zeit.«[39] So bleibt dem Autor der »Wüstenroman« fragwürdig: »Was ist denn das nun eigentlich? Der Verlag hat es mal Richtung Thriller gelabelt, aber es ist ein weites Feld zwischen Unterhaltung-, Schund- und Gesellschaftsroman«.[40] Tatsächlich hofft sein Lektor, mit dieser Kriminalgeschichte auch das bisherige Publikum mitreißen zu können: »Der Verlag geht davon aus, einen Teil der ›Tschick‹-Leser mitnehmen zu können, kann man vergessen. / Über weite Strecken parallel geschrieben, ist der im Wüstenroman Kapitel für Kapitel wiederholte und gegen Ende völlig aus dem Ruder laufende deprimierende Nihilismus ja eine direkte Reaktion auf die Freundlichkeit der Welt in ›Tschick‹. Bzw. umgekehrt. Denn eigentlich war ›Sand‹ zuerst.«[41] Später wird der Autor und Kritiker Michael Maar treffend von *Sand* als »Gegenbuch zu *Tschick*« sprechen, gleichwohl begeistert von dem später ebenfalls preisgekrönten, wesentlich längeren Roman.[42] Aber Herrndorf droht kurz vor Beendigung der Arbeit in Unzufriedenheit zu versinken: »Lektorat mit Marcus im Verlag. Anstrengend, befriedigend, deprimierend. Die Selbstzweifel. Was für eine stilistische Scheiße ich zu schreiben imstande bin.«[43] Als der neue Roman endlich abgeschlossen ist, hält er inne: »Arbeitsfreier Tag. Schätzungsweise der erste Tag seit zwanzig Monaten, an dem ich arbeiten könnte und es nicht tue. Alles fertig. Foto und Klappentext abgestimmt, die Schrift auf dem Cover wird noch ausgetauscht. Foto auf Wunsch des Autors mit abgewandtem Blick. / Tee trinken, Stendhal lesen, bisschen Blog, abwaschen, Wäsche machen, staubsaugen.«[44]

III.

Die eigene Ambivalenz gegenüber *Sand* und die euphorischen Resonanzen auf den Jugendroman lassen Herrndorf mit dem Gedanken einer »›Tschick‹-Fortsetzung« spielen.[45] Aber vorerst greift er auf früheres Material zurück, angesichts der Krankheit pragmatisch um eine absehbare Aufgabe bemüht: »Heute Morgen den nächsten Roman begonnen, Arbeitstitel ›Mercer 5083‹. ›Science Fiction‹. Material gesichtet und zusammengekloppt. 55000 Zeichen. Nochmal so viel, und es geht vielleicht als Novelle durch. Passig, der ich das Projekt schon vor zwei Jahren einmal gezeigt hatte, nannte es ›reine Scheiße‹ und nennt es heute noch so. [...] Aber irgendwas muss ich ja machen. Ich kann hier nicht rumsitzen. Noch zwölf rezidivfreie Wochen, und das Ding könnte fertig sein.«[46]

Es braucht ein Vierteljahr, bis Herrndorf erkennt, dass ihm der begonnene Science-Fiction innerlich zu fern liegt, um das Bruchstück in seinem desolaten Zustand vollenden zu können. Es kommt zur Renaissance der Welt von *Tschick*, so dass er beginnt, die Geschichte der dritten Hauptfigur zu erzählen: »Die Arbeit am im November gestarteten Science Fiction aus Kompliziertheitsgründen seit langem abgebrochen. Stattdessen ›Isa‹, Roadmovie zu Fuß. Mit etwas Rumprobieren einen Ton gefunden, schreibt sich wie von selbst. Und praktisch: kein Aufbau. Man kann Szene an Szene stricken, irgendwo einbauen, irgendwo streichen, irgendwo aufhören.«[47] Aber trotz aller Begeisterung gelingt es nicht mehr, in gleicher Güte das Leben von Isa darzustellen, einer unangepassten Jugendlichen, die Maik und Tschick auf ihrer Reise in die Walachei aufgegabelt hatten. Die Krankheit hat dem Schriftsteller nicht genügend Spannkraft belassen, um den in *Tschick* anklingenden Traum junger Liebe umfänglicher ins Bild zu setzen. Aber in ihm lebt noch einmal auf, was Albert Camus in *Der Mythos von Sisyphos* emphatisch über das »Kunstwerk ohne Zukunft« schrieb: »So verlange ich von dem absurden Kunstwerk, was ich vom Denken verlangte. Auflehnung, Freiheit und Mannigfaltigkeit.«[48]

Die dramatische Abnahme der Schaffenskraft verrät sich auch im Blog, dessen Umfang und Form stark reduziert sind: Die Notate werden erheblich spärlicher, die Sätze einfacher und kürzer. Herrndorfs Schreiben verliert an stilistischer und syntaktischer Komplexität, aber gewinnt an thetischer Intensität. Das Stakkato der Worte, die abgebrochenen Sätze werden zur existentiellen Kunstform. Nicht zufällig widmen sich die Einträge nun vermehrt der herben Einbuße an Arbeitskraft. Diese ist vor allem den epileptischen Anfällen geschuldet, welche die zerebrale Raumforderung und ihre Behandlung gleichermaßen evozieren. Herrndorf registriert die Symptome und Befunde in eigener Sache möglichst genau, nicht selten in klinischen Begrifflichkeiten. Es scheint, als ob sein Blog nun im stärker objektivierenden Schreiben Halt sucht, während die Texte bis dahin die subjektiven Vorstellungen im freieren Spiel entfalten konnten.

Zum Jahresanfang 2012 kommt trotz aller klinischen Malaisen nochmals Hoffnung auf: »Nachsorgegespräch. Status epilepticus. Chemobrain, die offenbar nicht zu unterschätzenden Einflüsse der Psyche bei den durch Gabe von Zytostatika allein nicht erklärlichen und noch lange nach der Gabe wirksamen Zustandsverschlechterungen des Krebspatienten. / Sie arbeiten? Dann arbeiten Sie weiter. Den ganzen Tag am Rechner? Was für ein Rechner? MacBook? / Sowohl mit dem Bildschirm als auch mit dem Zustand seines Patienten ist Dr. Badakhshi sehr zufrieden.«[49] Das Schreibgerät ist Herrndorf zum technischen Fetisch geworden, an das er sich klammert. Auch Monate später beschwört er in der ärztlichen Sprechstunde suggestiv den Geist der Arbeit, so dass die prekäre Kluft zwischen Patient und Arzt für Momente überwunden scheint: »Das polierte Holz der Tischplatte, auf der Rücken an Rücken mit dem Arztrechner mein MacBook steht, in das hineingehackt wird.«[50]

Aber ein unglücklicher Fahrradunfall, der die Operation einer Schlüsselbeinfraktur nach sich zieht und lange Wochen die Arbeit weithin unmöglich macht, wirft Herrndorf in dieser Zeit zusätzlich zurück. Im Blog spricht er sich eindringlich Mut zu, gerade wenn die epileptischen Anfälle bedrängen: »Gearbeitet werden konnte praktisch immer, Wachheit und Stimmung korrelieren, wenn überhaupt, mit dem Erfolg der Arbeit, nicht mit der Einnahme der Medikamente, und gegen Arbeitsmüdigkeit hilft Arbeit, Arbeit, Arbeit, Arbeit. Was einerseits schön ist. Andererseits scheint auch die Aura arbeitsgebunden.«[51] Auch hilft die Reimform, in poetischer Magie die Arbeits- und Überlebensfähigkeit zu beschwören:

Wie ich den Krebs besiegte und die Tour de France gewann
Mut und Gnade
Wunder sind möglich
Arbeit und Struktur[52]

In Anbetracht der zunehmenden Einschränkungen entwickelt Herrndorf eine nachdenkliche Nüchternheit, die sich innerlich mehr als zuvor abverlangt. Sein Enthusiasmus ist zu einer gespannten Melancholie geworden, in der er angesichts des stark eingeschränkten Lebenshorizonts seinen Frieden sucht: »Man kann nicht leben ohne Hoffnung, schrieb ich hier vor einiger Zeit, ich habe mich geirrt. Es macht nur nicht so viel Spaß. [...] Jetzt Blick über den Kanal, die Schiffe, die Brücken und die Baustellenkräne am regenverschleierten Berliner Horizont. Stille und Frieden. Und Arbeit.«[53] Auch beweist er in der Doppelrolle als Patient und Autor Selbstironie, gestisch den Kampfgeist einer deutschen Sportikone erinnernd: »Neben dem Dauergrinsen, das meinem Körper signalisiert, dass in meinem Leben alles nach Plan läuft, ist die Beckerfaust nun meine Standardgeste, wenn mir wieder ein besonderer Coup beim Sätzezusammenschieben gelungen ist.«[54] Aber der Mut der Verzweiflung reicht nicht. Einige Wochen später verhindern körperliche Symptome die Weiterarbeit: »Zum Lesen sind die Augen zu zugeschwollen, zum Schreiben auch.«[55] Bald werden auch die neurologisch-psychischen Störungen, welche die Anfallsneigung begleiten, schlimmer: »Weiter psychotisch, weiter keine Arbeit, was praktisch dasselbe ist. Zutiefst erschöpft, aber zurück ins Bett kann ich nicht. Im Liegen zucken die Beine wild, der ganze Körper, keine Epilepsie, keine Aura, keine Sprachblockade, einfach nur Panik.«[56] Im Blog begegnet Herrndorf seiner desparaten Lage nun mit Galgenhumor: »Neben mir sechs ältere

Patienten im Infusionszimmer. Das Radio spielt Gloria Gaynor, ›I will survive‹. Ohrstöpsel. Lektüre, Arbeit.«[57]

Der Schriftsteller ahnt, dass ihm in dieser desolaten Verfassung allein das basale Protokoll seines dramatischen Verfalls bleibt, um das fortschreitende Leiden prosaisch bannen zu können: »Den ganzen Tag lang über nichts anderes als darüber nachgedacht, das Blog einzustellen, nicht zum ersten Mal, die mühsame Verschriftlichung meiner peinlichen Existenz. / Wenn ich noch eine Chance sähe ›Isa‹ fertigzustellen, wäre mit dem Blog Schluss«.[58] Verbissen stürzt sich Herrndorf weiter in diese letzte Arbeit, angesichts der mehr werdenden Anfälle genötigt, den immer stärker abnehmenden Status seiner Schreibfähigkeit festzuhalten. Der Blog gibt in kargen Sätzen, die nicht selten mit künstlicher Hilfe entstehen, der Leserschaft mittelbar Anteil am eigenen Elend: »Immer mühsamer das Sprechen. Satzteile finden nicht von selbst zueinander, ich benutze falsche Worte, ich umschreibe, was ich sagen will. Beim Schreiben hilft Google. Komplizierte Strukturen vermeide ich, vor Freunden schäme ich mich.«[59]

Im Mai 2013 bilanziert Herrndorf, nicht ohne Augenblicke der Zuversicht, aber doch mit der verlorenen Zeit hadernd: »Dramatischer Sprachverfall. Unklar, ob die Worte schon schwinden oder ob nur Stress. Denn immer wieder gelingen fast fehlerfreie Sätze. Hauptsächlicher Bestandteil, wenn ich das richtig sehe: der Gedanke, ›Isa‹ nicht fertigstellen zu können. Spätestens letzten Sommer wäre es da gewesen. Zuletzt immer noch manchmal zunehmend schlappe Tage gearbeitet, Material längst genug, kann ich nicht mehr, wird nichts. / Jeden Satz im Blog mit größter Mühe zusammengeschraubt. Freunde korrigieren.«[60] Zäh hält er durch. Herrndorf weigert sich, aufzugeben, auch dann nicht, als seine dürftigen Worte allein die Unfähigkeit ausdrücken, der eigenen Mission noch gerecht zu werden: »Ich kann nichts schreiben, nicht lesen, kein Wort.«[61] *Arbeit und Struktur* schildert die höhere Aura der Vergeblichkeit, die seinen Autor umgibt: »Selbstmedikamentiert mit 5 mg Frisium zusätzlich, seit vielen Tagen keine Sprache mehr. Arbeit am Text reiner Unsinn, Worte, Fehler, Suche, Hilfe, Trauer, Sprache mündlich gar nicht. Stimme, Stimmen, Epilepsie von Panik, alles nicht unterscheidbar. Dann ist Land wieder da, dann sinke ich zurück, ein Riesenirrsinn, jeden Tag, jeder Tag.«[62] Der Kampf, in allen äußeren Abhängigkeiten eine innere Unabhängigkeit zu bewahren, gleicht dem, was in *Der Mythos von Sisyphos* als die »Askese« dessen gepriesen wird, der im Schreiben »die unnachgiebige Auflehnung gegen seine *conditio*« vollziehe: »[V]ielleicht hat das große Kunstwerk weniger Bedeutung an sich als durch die Bewährung, die es von einem Menschen verlangt, und die Gelegenheit, die es bietet zur Überwindung seiner Gespenster und zur weiteren Annäherung an seine nackte Wirklichkeit.«[63]

Anfang Juli 2013 konstatiert Herrndorf endgültig das Versagen seiner sprachlichen Fähigkeiten: »Beim Schreiben fehlen mir die passenden Verben. Und wenn ich sie habe, fehlt mir die Konjugation. Das kann ich nicht für das Lektorat aufsparen, weil ich gar nicht weiß, was ich eigentlich sagen will.«[64] Auch fühlt er sich nun nicht mehr Gesprächen in freundschaftlicher Runde gewachsen, die acht Wochen zuvor noch glückliche Momente bescherten: »Ich bin nicht der Mann, der ich einmal war. Meine Freunde reden mit einem Zombie, es kränkt mich, ich bin traurig, ich will weg. Ich will niemanden mehr sehen.«[65] Es schwindet sogar die Fähigkeit zur Lektüre: »Seit Tagen kann ich nichts lesen, schon lange nichts, Bücher nicht, Mails mit Mühe, längere Sätze eine Qual. Hypotaxen meiner eigenen Bücher und Blogsätze nur, wenn ich sie laut lesen. Allein kann ich nicht oft laut lesen. Manchmal bei Tagesform.«[66]

Gefasst plant Herrndorf nun mit den Freunden, die jahrelang als Lektoren fungierten, die zukünftige Herausgabe des Blogs in Buchform. Der unvollendete Roman wird in allem Zweifel – nicht fern vom Geist der literarischen Romantik – als Fragment betrachtet, das wenigstens in Bruchstücken dem strengen Urteil standhalten kann: »Marcus, Passig, letzte Fragen zum Blog für Rowohlt. Passig liest die ersten zwei Kapitel von ›Isa‹ laut vor. Die hab ich noch nie gehört, die anderen auch nicht. Gut finden sie's.«[67] So werden nach dem Abschied von den Eltern Mitte August kurze Lesungen aus dem Nachfolger von *Tschick* zum literarischen Vermächtnis: »C. liest mir ›Isa‹ vor.« Zwei Tage später heißt es: »Passig und Marcus kommen. Lesen ›Isa‹, halten es für machbar.«[68] *Bilder deiner großen Liebe* erscheint 2014, in der späteren Gesamtausgabe treffend charakterisiert: »Und bleibt als Abschluss, als letztes Werk, ein einziges, schmerzhaftes, großes Versprechen, das niemals mehr eingelöst wird.«[69]

Der letzte Eintrag am 20. August, den Herrndorf sechs Tage vor dem Freitod notiert, umfasst ein Wort: »Almut.«[70] Für die kundigen Leser steht der Name für die Künstlerin Almut Klotz, die als Kreuzberger Popbohemienne der menschlichen Sehnsucht in Wort und Klang Ausdruck gab und an Krebs verstarb, ohne ihren letzten Roman vollendet zu haben.[71] Die posthume Fassung von *Arbeit und Struktur* bietet abschließend eine Reihe undatierter ›Fragmente‹, von denen das letzte den Bogen zurück schlägt zum Anfang der Passion: »Erinnerung, etwa 4./5. März 2010, zwischen Diagnose und Einweisung, später, ungewöhnlich warmer Märzabend, ich hocke mit einer Tasse Tee vor dem Badfenster unter der prächtigen Nacht und sage zu mir selbst, ich weiß, was der Tod ist, und noch eine Weile weiß ich es, bis ich es wieder vergesse.«[72] Wolfgang Herrndorf erscheint als einer jener Schriftsteller ohne

Utopie, die Albert Camus trotzdem oder gerade deshalb als die eigentlich hellsichtigen Köpfe beschrieb: »Die letzte Anstrengung für diese verwandten Geister [...] besteht darin, sich auch von ihren Unternehmungen befreit zu wissen: zu dem Eingeständnis zu gelangen, dass das Werk selbst – sei es Eroberung, Liebe oder Kunstwerk – nicht sein muss, und so die tiefe Nutzlosigkeit allen individuellen Lebens zu vollenden.«[73]

IV.

Arbeit und Struktur steht schon wenige Wochen nach der Diagnose des unheilbaren Tumors im Zeichen der für Herrndorf notwendigen Freiheit zum Tode. Eindringlich lässt sein Blog das Publikum an Überlegungen teilhaben, wie und warum er selbst über sein Sterben verfügen müsse: »Was ich brauche, ist eine Exitstrategie. Ich hatte Cornelius gegenüber schon mal angefangen, aber das war noch zu Zeiten der Manie, und da war ich noch vollkommen sicher, dass es nur eine Waffe sein könne. [...] Schon eine Handgranate wäre nicht gegangen. Die Angst vor den drei Sekunden Verzögerung hätte mich umgebracht. Medikamente mit dem langwierigen Vorgang des Schluckens und Wartens sowieso. Weil, ich wollte ja nicht sterben, zu keinem Zeitpunkt, und ich will es auch jetzt nicht. [...] Ob ich die Disziplin habe, es am Ende auch zu tun, ist noch eine ganz andere Frage. Aber es geht, wie gesagt, um Psychohygiene. Ich muss wissen, dass ich Herr im eigenen Haus bin. Weiter nichts.«[74]

Ein Vierteljahr später spricht der Patient mit einem der behandelnden Ärzte, der seine Erwartungen auf Hilfe allerdings enttäuscht: »Dr. Vier ist keine große Hilfe bei der Beschaffung von Substanzen. Das könne er gar nicht verschreiben und ambulant gebe es das sowieso nicht, das bekäme ich auch nirgendwo anders. Was ich da von Waffen redete – wer immer mich finde, sei traumatisiert. Freunde wahrscheinlich. Und schwierig sei das überhaupt nicht, wie käme ich darauf? Er habe im Notdienst gearbeitet, reihenweise Erschossene gesehen, das habe keiner überlebt. Vor die U-Bahn, vom Hochhaus, oder am einfachsten mit Paracetamol, wirklich kein Problem. Er empfehle ein Hospiz.«[75] Obwohl Herrndorf mit seinem Anliegen keine Akzeptanz bei seinem Arzt findet, respektiert er dessen Haltung: »Meine Einwände, dass es um Psychohygiene gehe, werden ignoriert. Trotzdem bin ich froh, mit ihm gesprochen zu haben. Er ist ein guter Arzt, denke ich.«[76] Aber für den Betroffenen ist die Entscheidung innerlich schon gefallen: »Auf dem Rückweg stellt sich sofort das Bild der Waffe wieder ein, und gleich geht es mir besser.«[77]

Bald besorgt sich Herrndorf auf dem Lande einen Revolver und protokolliert im Blog das Unternehmen: »Die mittlerweile gelöste Frage der Exitstrategie hat eine so durchschlagende beruhigende Wirkung auf mich, dass unklar ist, warum das nicht die Krankenkasse zahlt. Globuli ja, Bazooka nein. Schwachköpfe. / Wir erreichen jetzt den Bahnhof Neubrandenburg. / Die Waffe kann ich problemlos in die Hand nehmen. Trommel rausschwenken, Finger in den Rahmen halten, der Lauf, die Züge, Trommel rein, Hahn spannen, Hahn vorsichtig zurückrasten. / 357er Smith & Wesson, unregistriert, kein Beschusszeichen. Aber als ich eine Patrone in die Hand nehmen soll, zittert meine Hand, ich fühle ein spitzes, albernes Ziehen im Hinterkopf. / Eine der merkwürdigsten und schönsten Stunden meines Lebens.« Zuletzt weckt der Kauf auch literarische Assoziationen an eine Figur Dostojewskijs: »Anderthalb Stunden Gespräch über Waffen und Philosophie. Wie bei Kirillow auch wird Tee serviert, Henne mit Reis gibt es nicht.«[78] Die Frage nach dem weltanschaulichen Hintergrund des Selbstmordes, die der Roman *Böse Geister* für die russischen Modernisten um 1870 aufwirft, treibt auch Wolfgang Herrndorf um. Sein ironischer Satz spielt auf die berühmte Szene an, in welcher der Selbstmörder Kirillow gegenüber dem diabolischen Nihilisten Stepanowitsch seine Tat im Geiste eines prometheischen Atheismus rechtfertigt: »Soll denn wirklich niemand auf dem ganzen Planeten, wenn er mit Gott ein Ende gemacht hat, und an den Selbstwillen glaubt, sich erkühnen und den Selbstwillen beweisen, im Angelpunkt? Es ist so wie mit dem Armen, dem eine Erbschaft zufällt und der erschrickt und sich nicht traut, den Geldsack anzurühren, weil er sich für zu schwach hält, ihn zu besitzen. Ich will den Selbstwillen beweisen.«[79] Die nihilistische Stimmung, welche die intellektuelle Bohème des Zarenreiches prägte und Kirillow zur Selbsttötung veranlasste, spiegelt passagenweise auch Herrndorfs Blog, etwa im Sommer 2011: »Warten. Wenn man stirbt, stirbt das Bewusstsein. Was ist das Bewusstsein? Man spürt es nicht. Um es zu spüren, fehlt das Organ. [...] Der Versuch, sich selbst zu verwalten, sich fortzuschreiben, der Kampf gegen die Zeit, der Kampf gegen den Tod, der sinnlose Kampf gegen die Sinnlosigkeit eines idiotischen bewusstlosen Kosmos, und mit einem Faustkeil in der erhobenen Hand steht man da auf der Spitze des Berges, um dem herabstürzenden Asteroiden noch mal richtig die Meinung zu sagen.«[80]

Aber der Autor von *Arbeit und Struktur* geht in der Rolle des heroischen Nihilisten nicht auf, der dem allgemeinen Elend mit dem prometheischen Gedanken der tödlichen Selbstbestimmung begegnet. Angesichts des Lebens, das er ebenso liebt, ist bei Wolfgang Herrndorf eine tiefe Ambivalenz wahrnehmbar. Er ist zerrissen zwischen weltanschaulich konträren Standpunkten, die gleichermaßen zu seiner Person gehören. Dies offenbart plastisch im Blog eine innere Zwiesprache zu Anfang 2011: »Was ist das größte Glück? Bewusstlos sterben, und ein unauffällig in den Nacken gehaltenes Bolzenschussgerät entspricht diesem Glück sonderbarerweise genau. / Klingt alles irgendwie inkonsistent, auch für mich selbst, was offensichtlich daher rührt, dass ich von zwei Positionen aus argumentiere; aus alter Gewohnheit noch aus der Position des Lebenden, der mit wachsender Rührung jede Äußerung belebter Materie betrachtet; zugleich aus der Perspektive, die das Ganze im Blick hat und sich nichts sehnlicher wünscht, als zum Ende zu kommen. Tatsächlich spüre ich mehrmals am Tag meine Perspektive umschlagen, manchmal im Minutentakt, was sehr anstrengend ist. Synthese findet nicht statt.«[81]

Dostojewskij, der als psychologischer Meister solche Ambivalenzen wie kaum ein anderer Schriftsteller in Worte zu fassen verstand, tritt Herrndorf in der klinischen Krise auch mit einem anderen der großen Romane ins Bewusstsein. *Der Idiot* war schon dem Jugendlichen zu einem der prägenden Leseereignisse geworden, wie er präzis in einer Szene örtlicher Desorientierung erinnert: »Mit siebzehn zuerst gelesen, lässt der Name die Physiognomie einer unbedeutenden Nebenfigur sofort wiederauferstehen.«[82] Die Assoziation führt weiter zu einer Passage, durch welche der sonderbare Held, ein an Epilepsie erkrankter Fürst, damals bei ihm bleibende Spuren im Gedächtnis hinterließ: »Im selben Kapitel auch Myschkins Gedanken zur Todesstrafe, die ich als Jugendlicher mit starker Bewegung las. Wie viel angenehmer es ist, ermordet zu werden als hingerichtet, wo es keine Hoffnung gibt. Und wie sehnsüchtig ich mir damals wünschte, mein Leben möge auch einmal aus den eingefahrenen, bürgerlichen Gleisen laufen.«[83]

Der passionierte Proust-Leser[84] erinnert besonders eine zentrale Szene aus *Der Idiot*. Es ist der Moment, da der Fürst sich in einem Salon zum Problem der »Gewißheit« äußert, das sich dem Menschen nie brennender stelle als angesichts des Todes. Dies lässt ihn unmittelbar die für den Dichter schicksalsbestimmende Situation assoziieren: die drohende Erschießung. Herrndorf ist magisch angezogen vom entscheidenden Wendepunkt im Leben des russischen Klassikers, der scheinbar gewiss den Tod zu gewärtigen hatte: »Bei C. im Bücherregal: Dostojewskijs Briefe. Schlage zufällig als Erstes die Stelle auf, wo er an seinen Bruder von der Hinrichtung schreibt: ›Heute, am 22. Dezember [1849] wurden wir alle nach dem Somjonower Platz gebracht. Dort verlas man uns das Todesurteil, ließ uns das Kreuz küssen, zerbrach über unseren Köpfen den Degen und machte uns die Todestoilette (weiße Hemden). Dann stellte man drei von uns vor den Pfahl auf, um das Todesurteil zu vollstrecken. Ich war der sechste in der Reihe; wir wurden in Gruppen von je drei Mann aufgerufen, und so war ich in der zweiten Gruppe und hatte nicht mehr als eine Minute noch zu leben. Ich dachte an Dich, mein Bruder, und an die Deinen: in dieser letzten Minute standest Du allein vor meinem Geiste; da fühlte ich erst, wie sehr ich Dich liebe, mein geliebter Bruder! Ich hatte noch Zeit, Pletschejew und Durow, die neben mir standen, zu umarmen und von ihnen Abschied zu nehmen. Schließlich wurde Retraite getrommelt, die an den Pfahl Gebundenen wurden zurückgeführt, und man las uns vor, dass Seine Kaiserliche Majestät uns das Leben schenke.‹«[85]

Der Blog belässt es bei der Wiedergabe dieser Passage. Im Anschluss an sie offenbart Dostojewskij seinem Bruder, welche einschneidende Bedeutung dieser Moment für ihn hatte: »Denn ich habe heute eine dreiviertel Stunde lang dem Tod gegenübergestanden, habe den letzten Augenblick meines Daseins erlebt und beginne jetzt noch einmal zu leben!«[86] Darauf beschwört der Begnadigte, sein Leben nicht mehr vergeuden, sondern geistig nutzen zu wollen: »Wenn ich auf die Vergangenheit zurückblicke und mir überlege, wieviel Zeit vergeudet worden ist, wieviel die Irrwege, Fehler, der Müßiggang und das Unvermögen zu leben gekostet haben; wie gering mir der Wert der Zeit schien, wie oft ich gegen mein Herz und meinen Geist gesündigt habe – so blutet mir das Herz. Das Leben ist ein Geschenk, das Leben ist ein Glück, jede Minute hätte eine Ewigkeit Glück bedeuten können. [...] Ich werde ein Besserer werden. Darin liegt meine ganze Hoffnung, mein ganzer Trost!«[87] Ohne dass Herrndorf diese Sätze buchstäblich zur Sprache brächte, prägt ihr Geist *Arbeit und Struktur*, seinen Entschluss, seit der tödlichen Diagnose mit vollem Ernst seine Sache zu verfolgen, ohne unnütz weiter Zeit verlieren zu wollen.

Die biographische Verbindung zu Dostojewskij besteht außerdem im Anfallsleiden, das nicht nur Fürst Myschkin quält, sondern auch seinen Schöpfer belastet. Im Brief an den Zaren bittet Dostojewskij nach der Katorga darum, nun wieder in St. Petersburg leben und behandelt werden zu können: »Meine Krankheit verschlimmert sich mehr und mehr. Unter jedem Anfall leiden mein Gedächtnis, meine Phantasie, meine seelischen und körperlichen Kräfte. Der Ausgang meiner Krankheit wird völliger Verfall, Tod oder Wahnsinn sein.«[88] Ebenso auffällig ist die Nähe, welche zwischen der geistigen Situation des Nihilisten Ippolit und den suizidalen Überlegungen bei Herrndorf besteht. Auch die Romanfigur ist entschlossen, mit der Schusswaffe selbstbestimmt aus dem Leben zu scheiden, bevor die tödliche Schwindsucht sie dahinraffen wird: »Ich erkenne keinen Richter über mir an und weiß, daß ich jetzt keiner richterlichen Gewalt mehr unterstehe. [...] Ich begreife nicht, warum Menschen in derselben Lage wie ich nicht auf denselben Gedanken kommen, und wenn auch nur zum Spaß?«[89]

Anders als der unglückliche Held, dessen Vorhaben lächerlich scheitert, setzt Herrndorf den Entschluss zuletzt um. Bis zu diesem Augenblick, bevor die körperlichen Leiden seinen Vollzug verhindern würden, schafft diese Aussicht ihm die innere Freiheit, in aller Einschränkung seinem Leben als Schriftsteller einen schöpferischen Sinn zu verleihen. Insofern stellen Laptop wie Revolver für Herrndorf als Medien, seine Autonomie zu behaupten, kostbare Insignien der möglichen Freiheit dar: »Ich schlafe mit der Waffe in der Faust, ein sicherer Halt, als habe jemand einen Griff an die Realität geschraubt. Das Gewicht, das feine Holz, das brünierte Metall. Mit dem MacBook zusammen der schönste Gegenstand, den ich in meinem Leben besessen habe.«[90] Und gut ein Jahr später heißt es im Blog: »Lange war alles ruhig, jetzt brauche ich zum Arbeiten wieder die Magnum neben mir auf dem Schreibtisch.«[91]

V.

Auf dem Weg zur Freiheit des Todes, den Laptop und Revolver ihm eröffnen, registriert Herrndorf immer wieder sehr genau filmische Darstellungen von alternativen Wegen, die im Umgang mit infausten Prognosen und selbstbestimmtem Sterben gewählt werden So besucht er Ende 2011 die deutsche Kinopremiere eines preisgekrönten Films von Andreas Dresen, dessen Thematik ihm nur zu vertraut ist:[92] »›Halt auf freier Strecke‹ von Dresen, Geschichte eines Mannes mit Hirntumor, die mich, wie ich dachte, nachdem ich den Trailer gesehen hatte, kaltlassen würde. Zu weit ab vom eigenen Erleben. / Der Film beginnt mit einem Fehler: Mit nichts weiter als dem MRT in der Hand diagnostiziert der Arzt ein Glioblastom. Aber dramaturgisch natürlich völlig richtig: Denn sofort ist man drin, in der Hölle.«[93]

Anders fühlt er sich durch den fürsorglichen Paternalismus provoziert, der in Talkshows gerade von kirchlicher Seite prominent vertreten wird: »Die Landesbischöfin von Hannover, Margot Käßmann, sieht eine große Gefahr darin, Patienten einen schnellen, effektiven Tod zur Verfügung zu stellen. ›Es verführt dazu, zu meinen, man könne mal eben über den Tod entscheiden.‹« Sein Fazit ist vernichtend: »Mitleiderregende Dummheit, für das Amt des Bundespräsidenten überqualifiziert.«[94] Im November 2012, neun Monate vor seinem Suizid, reagiert Herrndorf erneut wütend auf die Theologin: »Themenwoche Sterben auf der ARD. Komplett Enthirnte wie Margot Käßmann versuchen, ein freies Leben gelebt habenden Menschen das Recht auf Freiheit im Tod zu bestreiten. Die Position der Vernunft wie immer dünn besetzt.«[95] Herrndorf fordert dagegen im Blog den unbeschränkten Zugang zu todbringenden Mitteln für jene, welche sie wünschen: »Nicht geladen wie immer einer, der das Naheliegende erklärt, nämlich dass in einem zivilisierten Staat wie Deutschland einem sterbewilligen Volljährigen in jeder Apotheke ein Medikamentenpäckchen aus 2 Gramm Thiopental und 20 g Pancuronium ohne ärztliche Untersuchung, ohne bürokratische Hürden und vor allem ohne Psychologengespräch – als ein Erwachsener, der sterben will, ein quasi Verrückter, dessen Geist und Wille der Begutachtung bedürfe – jederzeit zur Verfügung stehen muss.«[96]

Seine Leidenschaft für die Selbständigkeit der Betroffenen und die Abscheu vor bedrängender Fürsorglichkeit Dritter stimmt ihn trotz der grundsätzlichen Sympathie auch skeptisch gegenüber einem Schweizer Film, welcher den umstrittenen Fall eines 55-jährigen Mannes zeigt, der nicht mehr mit seiner manisch-depressiven Krankheit leben will und gefühlsstark von den Freunden verabschiedet wird:[97] »Doku auf 3sat über André Rieder, psychisch Kranker, der sich mit Hilfe von Exit in der Schweiz das Leben nimmt. Wie zu erwarten, geht es ihm am besten von allen, Freunde und Bekannte leiden. Kein schlechter, aber auch kein guter Film.«[98]

Schroff lehnt er indes die professionelle Fürsorglichkeit ab, die ein Film entlang der Schweizer Praxis der Sterbehilfe am Beispiel eines englischen Hoteliers beschreibt. Der Mann will nicht bis zum bitteren Ende eine neurologische Krankheit erdulden müssen, die bei der aufsteigenden Lähmung aller Muskeln zuletzt den vollständig bewegungslosen Menschen von künstlicher Atemhilfe abhängig machen würde:[99] »Auf YouTube einstündige Dokumentation ›Choosing to Die‹. Der alzheimerkranke Terry Pratchett begleitet den an Amyotropher Lateralsklerose leidenden Hotelier Peter Smedley zum Sterben in die Schweiz. Fahrt durch Zürich, hässliche Häuser, Baustellen, kahle Bäume. A lovely Place.«[100] Brillant gibt Herrndorf in sarkastisch-ironischen Zügen das bürokratisch geordnete Sterben wieder. Dieses läuft auf die finale Begleitung zu, nachdem der Kranke mehrfach erklärt hat, selbstbestimmt das tödliche Medikament trinken zu wollen: »Er nimmt das Glas mit der weißlichen Flüssigkeit, schaut einige Sekunden hinein und trinkt. Gibt das Glas zurück, und die Frau stellt es ab. [...] Die Kamera schwenkt über den Raum zu Pratchett, der den Kopf in die Hand gestützt hatte und sie jetzt herunternimmt. / Schwer zuzuordnende Stimme: Bye-bye. / Thank you for looking after me. I would like to thank everybody else. Thank you. First class, too. / Pratchett gibt Smedley die Hand. Taschentücher werden über

Smedleys Schoß hinweg gereicht, seine Frau streichelt seine Finger, Be strong, my darling, sagt er. Just relax, sagt die Dignitasfrau. [...] Smedley, oder was er einmal war, sitzt umgesunken neben seiner Frau. Man hört ihn schnorcheln. Die Mitarbeiterin entfernt sich. Niemand verliert die Fassung. / That's what he wanted. And he was ready to go. Yes. Now you are allowed to cry. Let it come out. It does you good. Everything you kept inside until now, let it out. / Am Küchentisch werden Formulare ausgefüllt. Der Blick durchs Fenster zeigt schneebedeckte Fichten.«[101]

Nicht zufällig wendet sich ein Blogeintrag einige Tage zuvor scharf gegen den zeitgemäßen Trend, für das psychische Wohlergehen professionelle Therapeuten in Anspruch zu nehmen. So wenig Widerspruch Herrndorf gegen die technisierte und biologische Medizin seiner Zeit einlegt, so skeptisch zeigt er sich gegenüber jenen, die berufliche Autorität über das seelische Leben ausüben und beanspruchen, dem Menschen im Innersten nahekommen zu dürfen: »Immer die gleiche Überraschung, wie viele meiner Freunde und Bekannten Psychotherapeuten, Psychologen und Analytiker beschäftigen. Wann hat das angefangen? Und für was für Probleme? Die Ansicht, jemand, der einmal in der Woche ein anderthalbstündiges Gespräch mit mir führt, könne etwas über mich herausfinden, was ich, der ich seit vier Jahrzehnten mit mir zusammenlebe, nicht weiß, teile ich nicht. Glaube ich nicht. Lässt mein Stolz nicht zu. Außerdem hab ich keine Probleme.«[102]

Natürlich weiß Herrndorf um die Herausforderungen, die sein eigener Zustand mit sich bringt. Aber mit seinem scharfen Bewusstsein für die innere Freiheit und ihre Einschränkungen registriert er scharf den Widerspruch zwischen menschlicher Autonomie und medizinischem Paternalismus, so dass er alle Hilfestellung als Bevormundung empfindet. Entsprechend dieser außergewöhnlichen Empfindlichkeit finden sich zu Anfang und Ende des Blogs folgende Zeilen, die im Wissen um den Preis der Einsamkeit geschrieben sind, welcher mit dem Anspruch auf Freiheit verbunden sein kann:

> Niemand kommt an mich heran
> Bis an die Stunde meines Todes.
> Und auch dann wird niemand kommen.
> Nichts wird kommen, und es ist in meiner Hand.[103]

VI.

Der starke Individualismus von Wolfgang Herrndorf zeigt sich auch in den wenigen literarischen Bekenntnissen. Prominent im Blog ist das lange Zitat, mit dem er an Jack Kerouac erinnert, den Vertreter der amerikanischen Beat-Generation, der nach vielen psychischen Krisen zuletzt im Alkohol versank. Die ausgewählte Passage aus *On the Road* lässt ahnen, wie begeistert der Autor von der Inszenierung eines leidenschaftlichen Lebens fern gesellschaftlicher Beflissenheit war: »I shambled after as I've been doing all my life after people who interest me, because the only people for me are the mad ones, the ones who are mad to live, mad to talk, mad to be saved, desirous of everything at the same time, the ones who never yawn or say a commonplace thing, but burn, burn, burn like fabulous yellow roman candles exploding like spiders across the stars and in the middle you see the blue centerlight pop and everybody goes ›Awwww!‹.«[104] Kerouacs literarische Haltung radikaler Verweigerung mündet zuletzt in eine Reminiszenz an Goethe und das jugendliche Pathos des deutschen Sturm und Drang: »What did they call such young people in Goethe's Germany?«[105]

Tatsächlich stand Goethe in seinen Anfängen mit *Die Leiden des jungen Werther* für die Anerkenntnis leidenschaftlicher Gefühle, welche die deutsche Romantik sich später in ihrem Individualismus gegen die zivilisatorischen Zumutungen zu eigen werden ließ.[106] Dass Wolfgang Herrndorf sich im »Projekt Regression« auch eines Frühromantikers erinnerte, der das bürgerliche Philisterleben geißelt, ergänzt insofern stimmig das literarische Bekenntnis zu Jack Kerouac. Es ist Wilhelm Heinrich Wackenroder, der trotz seines literarischen Enthusiasmus von seinem Vater als Jurist in den preußischen Staatsdienst genötigt wurde und alsbald an einem Lungenleiden starb. Der Blog bietet einen längeren Passus aus der *Phantasie über die Kunst für Freunde der Kunst.* Darin kritisiert Wackenroder jene, die im Berufsleben auf äußere Verdienste schielen und darüber die innere Begeisterung vergessen: »Immer tiefer in das Leben hineingelebt, fällt es wie Mauern hinter jeden ihrer Schritte, den sie zurückgelegt haben; sie sehn auch nur vorwärts, ihrem Gewinne, ihren Titeln, ihrer Ehrerbietung entgegen, die ihnen andre bezeigen, immer enger wird ihr Weg zu beiden Seiten, immer mehr schrumpft ihr Herz zusammen, und das, woran sie leiden, ist ihr Stolz, ihre Krankheit ist ihr Glück, die sie Erfahrung und Weisheit nennen. Sie billigen mit einschränkendem Bedauern die Begeisterung, weil sie sie für das Jünglingsfeuer halten, an dem sie sich als Kinder auch verbrannten, um sich nachher desto mehr davor zu hüten. [...] So wahr ist es, daß viele in der Unerfahrenheit der Jugend noch am besten sind, daß die Klugheit der Jahre sie erst mit dem dichtesten Nebel überhängt, und daß sie dann den Glanz der Sonne leugnen.«[107]

Angesichts dieser Passagen verwundert es kaum, dass Herrndorf bald auch zum jungen Goethe greift, den er schon in früheren suizidalen Krisen gelesen hatte: »Lektüre

›Werther‹. Auf dem Titelblatt steht Oktober 1985, Februar 1996 und – September 2012. / 1985 war ich Zivildienstleistender und lag im Krankenhaus Barmbek, weil nach einer missglückten Mandeloperation und anschließendem CT eine ringförmige Struktur in meinem Hirn sichtbar geworden war. Damals sagte man noch Tumor, nicht Raumforderung. Zahlreiche Untersuchungen folgten. / Während ich auf der Neurologie lag, wurden zwei Leute in schwarzen Kisten rausgefahren. Ein Mädchen öffnete sich erfolglos die Pulsadern. [...] Der Arzt stellte Fragen wie: Wie viele Selbstmörder hatten Sie in der Familie? [...] Meine Freundin kam zu Besuch und weinte, ich musste sie trösten. Ich musste meine Eltern und meine Großmutter trösten. Das war anstrengend. / Ich las viel. Ich hatte Liebeskummer und wollte sowieso sterben, da erwischte mich Goethe richtig.«[108] Aber die erste Krise verging, und Herrndorf erinnert sich, wie ihn später Werthers immer verstiegenere Liebesleidenschaft plötzlich befremdete, von Goethe klug im modisch emotionalen Epos des Ossian gespiegelt: »Bei der zweiten Lektüre zehn Jahre später hatte der ›Werther‹ nachgelassen, der Ossian-Quatsch in der zweiten Hälfte verdarb mir auch die erste«.[109]

Obwohl inzwischen dem Status der jugendlichen Leidenschaft entwachsen, zeigt sich Herrndorf gleichwohl weiter betroffen vom Schicksal des späten Werthers. Dieser stand amtlos am Rand der ständischen Gesellschaft und vermochte auch in der Natur nicht weiter Trost zu finden, so dass er sich umso stärker in die unglückliche Liebe zu Lotte warf. In dieser provozierten Engführung blieb Goethes Helden nur die Glorifizierung der suizidalen Selbständigkeit, die das revolutionär gestimmte Zeitalter hernach begeistern sollte. Nach der dritten Lektüre vermerkte Herrndorf: »Nun killt es mich.« Aber schon das Notat zeugt davon, dass es ihm gleich Goethe gelungen war, sich in seiner ganz anders gelagerten Krise vorerst in die Tätigkeit des Schreibens zu retten. Und ebenso blieb ihm bis zum Ende seines Lebens der Trost der Naturerfahrung, so dass er im Blick auf den frühen Werther, als dieser sich noch in der Natur geborgen gefühlt hatte, schreiben kann: »Am Anfang, wo er gerade angekommen ist in seinem lieblichen Tal – – hab ich das früher überhaupt gelesen? Jetzt liege ich im Gras und spüre ich jeden Halm.«[110]

Auch *Arbeit und Struktur* ist wie *In Plüschgewittern* und *Tschick*, die ebenfalls von der Begeisterung für die Natur zeugen, durchzogen von Sequenzen, in welchen diese hilft, die drohende Verzweiflung vorläufig zu bannen. Die Freude, welche Herrndorf inmitten der Großstadt die Natur beschert, lebt vom Kontrast, den schon Goethe gleich im ersten Eintrag des *Werther* als ein Leitmotiv zur Sprache bringt: »Die Stadt selbst ist unangenehm, dagegen rings umher eine unaussprechliche Schönheit der Natur.«[111] Immer wieder taucht beim Baden und bei Spaziergängen der Plötzensee auf, der inmitten der urbanen Wüste Berlins eine natürliche Oase bildet, die neben dem Schreiben das Gehen und Schwimmen als Tätigkeiten zulässt, die Wolfgang Herrndorf mit der Natur verbinden.

Der junge Goethe ist auch in Herrndorfs weltanschaulichen Suchbewegungen präsent. Er liest die *Hymnen*, welche auf besondere Weise von der Ambivalenz zwischen Freiheitssinn und dem Gefühl zeugen, in eine größere Welt eingebunden sein zu wollen. *Prometheus* und *Ganymed* stehen für die Spannung, die zwischen dem Verlangen nach Unabhängigkeit und der Einsicht besteht, in ein größeres Ganzes eingebunden zu sein. Nie ist in dieser Ambivalenz die kindliche Neigung ganz zu überwinden, es möge sich göttliche Hilfe einstellen, während Prometheus für das Selbstverständnis stand, das Leben alleine meistern zu können:

Da ich ein Kind war,
Nicht wusst', wo aus, wo ein,
Kehrte mein verirrtes Aug'
Zur Sonne, als wenn darüber wär'
Ein Ohr, zu hören meine Klage,
Ein Herz wie meins,
Sich des Bedrängten zu erbarmen.

Vor diesem Hintergrund zeugt der Blog auch von der modernen Frage des Atheismus, die schon die Zeitgenossen Goethes bewegte, allen voran den frommen Jacobi, welcher den *Prometheus* ungefragt und in polemischer Absicht 1781 in seine Kritik des scheinbaren Gottesleugners Spinoza aufgenommen hatte.[112] Bei Herrndorf blitzt immer wieder die radikale Skepsis als Haltung auf, gerade dann, wenn eine religiöse Trostbedürftigkeit behauptet wird, wie im folgenden Diktum Martin Walsers, das er polemisch erwähnt: »Wenn ich von einem Atheisten, und sei es von einem ›bekennenden‹, höre, dass es Gott nicht gebe, fällt mir ein: Aber er fehlt mir.«[113] Er steht aber nicht für einen dogmatischen Atheismus, wie er seit der Aufklärung gerne im Namen des befreiten Menschen vertreten wird. Vielmehr scheint Herrndorf einen tiefgründigen Agnostizismus zu vertreten, der sich eines eindeutigen Bekenntnisses zu Glauben oder Unglauben entzieht. So reagiert er auf die Zusendung einer »christlichen Streifbandzeitung« mit dem enervierten Hinweis, der seine radikale Skepsis gegenüber sicheren Wahrheiten in jeglicher Richtung ausdrückt: »Ich bin kein Atheist, der missioniert werden muss. Ich bin überhaupt kein Atheist. Ich glaube, und wenn Sie meinen Blog gelesen hätten, wüssten Sie das, nicht allein nicht an die Existenz eines Gottes, in, über oder jenseits dieser Welt, ich glaube oft nicht einmal an diese Welt. Das verstehen Sie nicht? Ja, sehen Sie, ich Ihren Quark ja auch nicht.«[114] Diese Passage lässt an den ambivalenten Atheismus Kirillows denken, den Dostojweskij sagen lässt: »Ich bin furchtbar unglücklich, weil ich furchtbar Angst habe. Die Angst ist der Fluch der Menschen … Aber ich werde den Selbstwillen beweisen und bin verpflichtet zu glauben, daß ich nicht glaube.«[115]

Die weltanschaulichen Lektüren, welche der Blog zur Kenntnis gibt, schließen auch undogmatische Bibeltexte wie den Psalm 88 ein, ein »Gebet in großer Verlassenheit und Todesnähe«, wie es in der Lutherbibel heißt.[116] Nicht fern davon angesiedelt ist Werthers späte Passion, verdichtet in biblischen Worten im Brief an den Freund Wilhelm: »Was ist es anders als Menschenschicksal sein Maß auszuleiden, seinen Becher auszutrinken? – und ward der Kelch dem Gott vom Himmel auf seiner Menschenlippe zu bitter, warum soll ich großtun und mich stellen, als schmeckte er mir süß? […] Ist es da nicht die Stimme der ganzen in sich gedrängten, sich selbst ermangelnden und unaufhaltsam hinabstürzenden Kreatur, in den innern Tiefen ihrer vergebens aufarbeitenden Kräfte zu knirschen: ›Mein Gott, mein Gott! warum hast du mich verlassen?‹«[117] Aber anders als Goethes Protagonist setzt Herrndorf betont Zeichen, die Todesnähe als jemand zu erfahren, der von den Gläubigen geradezu als »Gottloser«, als »Frevler« betrachtet wird. So führt der Blog ein halbes Jahr vor seinem Tod eine Passage aus der »Weisheit Salomos«, einem nicht kanonischen Text der Bibel, an. Herrndorf zitiert den Text in äußerlich idealen Umständen: »Zum ersten Mal in meinem Leben eine richtige Wohnung, schön und groß und licht und still. Ein Fenster mit Blick über die Stadt, und alles, was man durch diese Fenster sieht, ist groß wie großes Kino. Ein Liter Tee, ein Buch, blauer Himmel, Sonne.« Aber die Ironie des Schicksals hat dafür gesorgt, dass er selbst durch die Krankheit bald in einen Zustand versetzt sein wird, der ihm nicht mehr erlaubt, diese Schönheit zu genießen, sondern unmissverständlich vor Augen führen wird, wie berechtigt die fatale Resignation zuletzt ist: »›Die Frevler aber holen winkend und rufend den Tod herbei und sehnen sich nach ihm wie nach einem Freund; sie schließen einen Bund mit ihm, weil sie es verdienen, ihm zu gehören. Sie sagen: Kurz und traurig ist unser Leben; für das Ende des Menschen gibt es keine Arznei und man kennt keinen der aus der Welt des Todes befreit. Durch Zufall sind wir geworden und danach werden wir sein, als wären wir nie gewesen. Der Atem in unserer Nase ist Rauch und denken ist ein Funke, der vom Schlag des Herzens entfacht wird, verlöscht er, dann zerfällt der Leib zu Asche und der Geist verweht wie dünne Luft. Unser Name wird bald vergessen, niemand denkt mehr an unsere Tage. Unser Leben geht vorüber wie die Spur einer Wolke und löst sich auf wie ein Nebel, der von den Strahlen der Sonne verscheucht und von ihrer Wärme zu Boden gedrückt wird. Unsere Zeit geht vorüber wie ein Schatten, unser Ende wiederholt sich nicht; es ist versiegelt und keiner kommt zurück.‹«[118]

Dass Herrndorf seine Notate und Lektüren literaturhistorisch in vielen Zitaten an das biblische Passionsmotiv anschließt, verbindet ihn mit dem Anliegen, das Erich Auerbach in *Mimesis. Dargestellte Wirklichkeit in der abendländischen Literatur* vertritt. Der säkulare Kulturphilosoph und Philologe deutsch-jüdischer Herkunft lässt die besondere Genealogie der modernen Literatur bei Dante beginnen, der in der Wende vom katholischen Mittelalter eine neue Realistik begründet habe. Die *Göttliche Komödie* stehe demnach weltanschaulich zwar noch im christlichen Rahmen, sprenge diesen aber mit ihrer luziden Gewissenhaftigkeit und suggestiven Realistik. In der Folge gilt Auerbach vor allem Montaigne als Repräsentant solch eines neuen Realismus, da er als erster moderner Schriftsteller mit seinem laienhaften Schreiben fern jeder konfessionellen und beruflichen Bestimmtheit bleibe. So vollzögen die *Essais* exemplarische Suchbewegungen, um das eigene Leben und Sterben zu verstehen, und bildeten im Dialog mit den großen Autoren der Vergangenheit eine äußerst bewegliche Weltanschauung individuellen Zuschnitts, in Stil und Inhalt Hohes und Niedriges miteinander untrennbar vermischend.[119]

Was Auerbach so suggestiv für das leidenschaftliche Bekenntnis des Michel de Montaigne skizziert, gilt strukturell ebenso für Wolfgang Herrndorf, der in seinem Berliner Refugium – seine Frau lebte in einer separaten Wohnung – den Blog verfasste und sich nicht vor umgangssprachlichen Begriffen scheute. Man ahnt hinter der schillernd saloppen Sprache den tiefen und genauen Geist. Auch scheut er sich nicht – darin ebenfalls Montaigne nahe –, die zunehmende Gebrechlichkeit bis in den Sprachverlust plastisch zu machen. Die Kreatürlichkeit ist beiden Diaristen ein existentielles Anliegen, ohne dass sie in ihren Passionsgeschichten noch die christliche Dogmatik bemühten.

Mit seinem Spätwerk scheint Herrndorf sich nicht fern von dem modernen Ansatz verorten zu lassen, den Erich Auerbach 1933 nach Zwiesprache mit Walter Benjamin erstmals in »Romantik und Realismus« als säkulare Verwandlung ursprünglich jüdisch-christlicher Deutungsmuster andeutete: »Lange vor der Romantik hat es schon einmal einen tragischen Realismus gegeben, der unsere ungeordnete Welt als wahre Wirklichkeit ergriff, so daß sie sich ordnete. Ich meine den tragischen Realismus des Mittelalters und seine Quelle, die Geschichte Christi. [...] Unsere Weltwirklichkeit hat sich so verändert, daß jeder bloße Rückgriff unsinnig wäre. Aber wie wäre eine Ordnung und Wahrheit des Wirklichen auch nur vorstellbar als durch die Anschauung Gottes in ihr?«[120]

VII.

Betrachtet man die Form des Blogs, so kommt Wolfgang Herrndorf mit den Notaten, die er an sein Publikum richtet, dem *Werther* als Briefroman formal nahe, mit dem Goethe die große Bekenntnisliteratur in Deutschland begründete.[121] Auch in der Sache führt *Arbeit und Struktur* in biographischen Bewusstseinsspiegelungen auf ein tödliches Ende hin, obwohl Herrndorfs Notate im Unterschied zu den Schreiben Werthers von einem weitaus nüchterneren suizidalen Denken geprägt sind. Als Schriftsteller ist er in den dreieinhalb Jahren seines Schreibens nicht nur getragen von der beruflicher Tätigkeit des Schreibens. Auch Herrndorfs pragmatisches Verhältnis zu seinen Ärzten, sein lebensweltliches Netzwerk, die Fluchten in die Natur und das große Verlangen, dem eigenen Sterben mit weltanschaulichen Ideen und Lektüren zu begegnen, unterscheiden sein Schicksal von jenem Werthers. Der Blog demonstriert als »Lehrbuch für den freien Willen«, wie es im Nachwort der *Gesamtausgabe* heißt,[122] bis zum Ende den Anspruch eines realistischen Weltbezugs, ohne dass Herrndorf die persönliche Passion wie Goethes Protagonist romantisch zuspitzen würde. Bis zuletzt bleibt die Bindung an die Literatur die Möglichkeit, das selbstverfügte Ende hinauszuschieben, während Goethes Held zuletzt alles tat, um die Verzweiflung zu steigern, die sein Ende beförderte.

Die pragmatische Haltung, die immer eine Vermittlung zwischen Selbst und Welt sucht, lässt Herrndorf die ostentative Offenherzigkeit skeptisch betrachten, mit der

Rousseau in den *Bekenntnissen* sich selbst zur Schau stellt. Gegenüber dem epochalen Buch, das nur wenige Jahre nach Goethes *Werther* posthum erschien, grenzt er sich schon im Dezember 2011 scharf ab. Dabei setzt er Rousseaus überbordende Selbststilisierung negativ in Kontrast zur moderateren Autobiographie, welche der mit Goethe vertraute Karl Philip Moritz im Zeichen der Selbstbehauptung geschrieben hatte. Deshalb kommentiert Herrndorf die berühmte Eingangspassage der *Bekenntnisse* kritisch: »›Ich plane ein Unternehmen, das kein Vorbild hat und dessen Ausführung auch niemals einen Nachahmer finden wird. Ich will vor meinesgleichen einen Menschen in aller Wahrheit der Natur zeigen, und dieser Mensch werde ich sein.‹ / Ja gut. Aber mit seiner Prätention, seinem Mangel an Furcht vor Tabubrecherei, der Selbstinszenierung und dem Geplapper segelt Rousseau doch einige Galaxien weiter am uneinlösbaren Anspruch vorbei als der fast zeitgleich schreibende K. P. Moritz.«[123]

Dass in der lebensgeschichtlichen Not das Schreiben zur Tugend werden kann, macht sich Herrndorf auch an einem klassischen Tagebuch des 20. Jahrhunderts bewusst. Erstaunt hebt er den Zufall des gleichen Geburtsdatums mit der Autorin hervor, deren Schicksal er bislang übersehen habe: »Lektüre: ›Das Tagebuch der Anne Frank‹, das aus unklaren Gründen bisher an mir vorbeigegangen war. Die Aufzeichnungen beginnen an ihrem Geburtstag, der auch mein Geburtstag ist, an dem sie das Buch geschenkt bekommt. / Als Kind war mir die dunkle Geschichte immer unendlich fern. Als ich zum ersten Mal das Wort Lager hörte, bekriegten sich in der Tagesschau gerade Israelis und Palästinenser, eine meiner ersten Fernseherfahrungen, unverständlich, Jom Kippur 1973. [...] Reichskristallnacht, Hakenkreuz, Vergasung, Russen, Amis – Grotesken aus einer Welt, die mit der freundlich-friedlichen bundesrepublikanischen Welt, in der wir lebten und die wir waren, nicht die geringste Ähnlichkeit hatte, vergangene Vergangenheit. / Jetzt zum ersten Mal die zeitliche Dimension bemerkt: 23 Jahre liegen zwischen dem ersten Tagebucheintrag und meiner Geburt, eine Generation, mehr nicht, ein Wimpernschlag.«[124] Die besondere Wahrnehmung dieses erschütternden Diariums eines jungen Mädchens, dessen baldigen Tod die spätere Leserschaft bei jedem Wort mitdenkt, mag auch an die stille Hoffnung geknüpft sein, mit den eigenen Worten ebenfalls die eigene Vernichtung zu überdauern, sich schreibend ins Gedächtnis der Überlebenden retten zu können.

Obwohl Herrndorf alles tut, um lesend und schreibend der zunehmenden Einschränkung durch die Krankheit zu begegnen, hadern seine Notate vielfach mit den verlorenen Jahren. Dies geschieht gerade auch in Momenten der glücklichen Lektüren, wenn er die kostbare Nähe zum Bewusstsein längst verstorbener Menschen erfährt, die sein Leben berühren, anregen und bereichern. So heißt es in einer »Rückblende«: »Ich bin Schriftsteller, und man wird nicht glauben, dass Literatur mich sonst kaltgelassen hätte. Aber was jetzt zurückkehrt beim Lesen, ist das Gefühl, das ich zuletzt in der Kindheit und Pubertät regelmäßig und danach nur noch sehr sporadisch und nur bei wenigen Büchern hatte: dass man teilhat an einem Dasein und an Menschen und am Bewusstsein von Menschen, an etwas, worüber man sonst im Leben etwas zu erfahren nicht viel Gelegenheit hat, selbst, um ehrlich zu sein, in Gesprächen mit Freunden nur selten und noch seltener in Filmen.«[125] Seine begeisterten Worte bestätigt in den letzten Jahren auf andere Art Hartmut Rosa, indem er über »Das Wunder narrativer Resonanz« in emphatischer Wissenschaftsprosa schrieb: »Beim Lesen kommt es zu einer narrativ induzierten Simulation, das heißt zum Mit- und Nachvollzug eines anderen In-der-Welt-Seins, zur temporären Ausprägung eines anderen Habitus. Dies ist der Grund dafür, wieso wir lesend einen Sinn für andere Weisen des Liebens und Glaubens, des Hoffens und Bangens, des Sehens und Sehnens und auch der Isolation und der Einsamkeit gewinnen können.«[126] Aber Herrndorf ist schärfer als der freundliche Kultursoziologe, der in seinem Essay bewusst keine qualitativ wertenden Urteile fällt, was uns literarisch im Lauf der Tage an Büchern ansprechen mag, während der todkranke Schriftsteller betont, »dass es einen Unterschied gibt zwischen Kunst und Scheiße. Einen Unterschied zwischen dem existenziellen Trost einer großen Erzählung und dem Müll, von dem ich zuletzt eindeutig zuviel gelesen habe, eine Unterscheidung, die mir nie fremd war, aber unter Gewohnheit und Understatement lange verschüttet.«[127]

Zum entschiedenen Auftreten Wolfgang Herrndorfs gehört es auch, dass er im Blick auf spätere Resonanzen sehr genau überlegt, was der Nachwelt von seinen literarischen Zeugnissen überliefert bleiben soll und welche Spuren seiner jahrzehntelangen Lektüren und Notate er gänzlich getilgt sehen will. Man kann sich seine Lösung kaum radikaler denken. Der Blog stilisiert den Entschluss, alle autobiographischen Zeugnisse auszulöschen, welche die Zeit vor der krisenhaften Erweckung betreffen. Demonstrativ berichtet Herrndorf im August 2011, wie er die vielfältigen Zeugnisse seines langsamen Werdens als Schriftsteller vernichtet, auf dass für die Zukunft der späte Blog als einziges autobiographisches Dokument überliefert bleibe: »Bücher, in die ich mir Notizen gemacht habe, in der Badewanne eingeweicht und zerrissen. Nietzsche, Schopenhauer, Adorno. 31 Jahre Briefe, 28 Jahre Tagebücher. An zwei Stellen reingeguckt: ein Unbekannter.«[128] Herrndorf dokumentiert sein Tun sogar mit einer Photographie, so dass die Leserschaft über den aktiven Zuschnitt der späteren Resonanz im wahrsten Sinne im Bilde ist. Der Blick der Nachwelt soll, was Autobiographisches angeht, mit *Arbeit und Struktur* nur auf die Zeit fallen, in welcher die Krise der tödlichen Krankheit die Wende im schriftstellerischen Leben einleitete, das seitdem die Berufung des Schriftstellers in leidenschaftlicher Askese zu erfüllen suchte.

Als unfreiwilliger Patient fand Herrndorf zu der freiwilligen Passion, die ihn als Schriftsteller mit *Tschick* und dem Blog das A und das O seines Werkes formulieren ließ. So scheute er sich auch nicht, bei aller Ferne zum konfessionellen Denken, sich seine letzte Ruhestätte in symbolischer Nähe zum religiösen Lebensopfer vorzustellen: »Am liebsten das Grab in dem kleinen Friedhof im Grunewald, wo auch Nico liegt. Und, wenn es nicht vermessen ist, vielleicht ein ganz kleines aus zwei T-Schienen stümperhaft zusammengeschweißtes Metallkreuz mit Blick auf Wasser, dort, wo ich starb.«[129]

Ohne Wolfgang Herrndorf christlich vereinnahmen zu wollen, ließe sich konstatieren, dass er selbst seine Legende in manchen Aspekten nach dem Bild eines weltlichen Heiligen geformt hat, dessen Passion ein großer künstlerischer Kampf gegen die Vergeblichkeit des Lebens war. So könnte man mit Albert Camus sein Schreiben und Sterben auch in christlichen Metaphern deuten, wenn dieser in *Der Mythos des Sisyphos* schreibt: »Selbst die Menschen ohne Evangelium haben ihren Ölberg. Und auch auf ihrem Ölberg dürfen sie nicht einschlafen.«[130] Und ebenso ist an die Wendung zu denken, mit welcher Camus zum Verständnis der mythischen Gestalt zur biblischen Bildsprache zurückkehrt: »Die gewaltige Not wird schier unerträglich. Das sind unsere Nächte von Gethsemane.«[131] Von daher trifft der Schlusssatz von *Der Mythos des Sisyphos* als Ausdruck der großen Passion den existentiellen Habitus des späten Wolfgang Herrndorf: »Der Kampf gegen Gipfel vermag ein Menschenherz auszufüllen. Wir müssen uns Sisyphos als einen glücklichen Menschen vorstellen.«[132]

»Was uns den Stecker zieht …«
Arbeit und Struktur in Resonanzen

> Es ist beschlossen, Lotte, ich will sterben, und das schreibe ich dir ohne romantische Überspannung, gelassen, an dem Morgen des Tages, an dem ich dich zum letzten Male sehen werde.
> Johann Wolfgang Goethe,
> *Die Leiden des jungen Werther*[1]

> Das einzige Denken, das den Geist befreit, ist jenes, das ihn allein lässt, in der Gewissheit seiner Grenzen und seines bevorstehenden Endes. Keine Doktrin beansprucht ihn. Er wartet auf das Reifen des Werkes und des Lebens. Losgelöst von ihm wird das Werk noch einmal die kaum gedämpfte Stimme der Seele vernehmen lassen, die für immer von der Hoffnung befreit ist.
> Albert Camus
> *Der Mythos des Sisyphos*[2]

I.

Wolfgang Herrndorf schrieb sich mit *Tschick* in die Weltliteratur ein. Ähnlich wie Goethes *Leiden des jungen Werther* erreichte sein Roman jugendlichen Dranges rasch über Deutschland und Europa hinaus ein großes Publikum. Die Resonanz, die *Arbeit und Struktur* als modernes Selbstbekenntnis erfahren hat, besitzt nicht diese Dimension. Seine Wirkung als Dokument suizidalen Denkens ist bislang wesentlich begrenzter. Dabei stehen der erfolgreiche Roman und der ernsthafte Blog jeweils für eine lebensgeschichtliche Herausforderung der Freiheit. Es sind der begeisterte Aufbruch der Jugendzeit und der nachdenkliche Abschied am Lebensende, welche dem Menschen besondere Willensanstrengungen abverlangen. Im fiktionalen Bestseller und in der autobiographischen Reflexion verbindet sich bei Wolfgang Herrndorf die Liebe zum Leben und jene zur Freiheit zu einer großen Konfession. Diese berührt und bewegt Menschen in ihrer eigenen Leidenschaft, ein freies Leben zu führen, in seltener Weise. *Tschick* wie *Arbeit und Struktur* zeigen ihren Autor beide in unterschiedlichen Genres als eigenwilligen Apologeten autonomen Lebens inmitten einer entzauberten und verwalteten Welt.

Der Essay möchte nun in prägnanten Zügen erkunden, wie *Arbeit und Struktur* nach dem Erscheinen im Spätherbst 2013 die deutsche Diskussion über das selbstbestimmte Sterben beeinflusste. Dies soll exemplarisch an den starken Resonanzen geschehen, die Wolfgang Herrndorf in *Die Zeit* erzielte, seitdem der Erfolg von *Tschick* ihn plötzlich ins Rampenlicht der Medien gerückt hatte. Waren die ersten Reaktionen im Feuilleton vor allem als Orientierung für die literarische Leserschaft gedacht, so zeugten weitere schon bald von den öffentlichen Resonanzräumen, die zurzeit in Deutschland angesichts der brennenden Frage nach dem selbstbestimmten Sterben, der Freiheit zum Tode bestehen. Für dieses Thema als Grenzsituation des Lebens trifft im Besonderen zu, was Hartmut Rosa über die »narrative Resonanz« jüngst allgemeiner schrieb: »Indem ich lese, ahne ich eine andere Weise, sich selbst, die Welt, die Zeit zu erfahren; es eröffnet sich mir die Möglichkeit eines anderen Ding-, Sozial- und Selbstverhältnisses. [...] Jemand glaubt, liebt, fürchtet und hasst anders als ich. Versenke ich mich intensiv und über längere Zeit in ein erlesenes Leben, formt sich entsprechend meine eigene Landkarte der Welt mit ihren emotionalen und evaluativen ›Höhenangaben‹ um, wenigstens für die Dauer des Lesens.«[3]

Die kursorische wie exemplarische Vergegenwärtigung der posthumen Resonanzen aus dem Umfeld von *Die Zeit* setzt unmittelbar nach dem Tod des Schriftstellers mit dem offiziellen Nachruf vom 27. August 2013 ein. Dieser tut sich noch schwer, den Freitod mit der Schusswaffe beim Namen zu nennen. Fokke Joel erwähnt nur den unheilbaren Tumor und schließt mit den Zeilen: »Am 26. August ist Wolfgang Herrndorf in Berlin gestorben. Er wurde 48 Jahre alt.«[4] Eine Stunde zuvor hatte allerdings *Zeit Online* in der ersten Meldung ausführlicher jenseits des Verlagsstatements geschrieben: »Der Autor des Bestsellers *Tschick* starb in der Nacht zum Dienstag mit 48 Jahren, teilte der Rowohlt Verlag mit. Wie die Autorin Kathrin Passig auf Twitter schreibt, setzte Herrndorf seinem Leben selbst ein Ende.«[5] Ein Jahr zuvor waren Passagen aus dem »bewegenden Online-Tagebuch« abgedruckt worden. Aber damals verzichtete man auf solche, die das suizidale Denken in dem »Leben mit Hirntumor« abbildeten.[6]

Als der Blog Wolfgang Herrndorfs wenige Monate nach seinem Tod auch in Buchform erscheint, würdigt Ijoma Mangold diesen emphatisch als »Chronologie seines Sterbens«: »Er schrieb mit *Arbeit und Struktur* eines der klügsten, witzigsten und bewegendsten Tagebücher der Literaturgeschichte. [...] Und als das Leben nur noch Leiden war und die Sprache versagte, griff er zum Revolver, den er sich lange vorher besorgt hatte und wie eine Souveränitätsversicherung immer in seiner Nähe wusste, ging zu einer Stelle am Berliner Hohenzollernkanal, die er sich ausgesucht hatte, und setzte seinem Leben ein Ende.«[7] Der Literaturkritiker der *Zeit* registriert auch genau, wie bewusst Herrndorf die autobiographischen Mitteilungen reguliert, bei aller Selbstpreisgabe rigoros die Grenze zwischen öffentlicher Verlautbarung und privatem Schweigen ziehend. Mangold beruft sich auf Voten aus dem Freundeskreis: »›Alles‹, soll Herrndorf sinngemäß erklärt haben, ›was ich sagen möchte, steht in dem Blog. Was darüber hinausgeht, möchte ich nicht geteilt wissen.‹ Seine Freunde halten sich daran. Sie teilen ihre Erinnerungen nicht.« Er bewundert die gezielte Erinnerungspolitik, die auch mitteilt, alle Tagebücher und Briefe vernichtet zu haben: »Herrndorf wollte immer Herr seiner Geschichte sein. Das ist ihm auf souveräne Art gelungen.«[8] Dagegen monierte Sibylle Lewitscharoff zuvor in einem *Zeit*-Gespräch: »Aber ich finde Herrndorfs Blog-Einträge besonders schwierig. Eine tödliche Krankengeschichte ist ja noch etwas Intimeres als das Sexualleben. Auch was echt war bei ihm, fundamentales Leiden, keine Frage.«[9] Ihr Gesprächspartner, ebenfalls ein führender Suhrkamp-Autor, Durs Grünbein, schätzte dagegen unumwunden die geistige Präsenz des Bloggers: »Herrndorf ist einer der wenigen Fälle, in dem das Bloggen seine ursprüngliche Funktion bekommt: das Übermitteln von Gefühlslagen in Echtzeit, das direkte Mitteilen einer Verzweiflung.«[10]

Ebenfalls in *Die Zeit* begreift Nina Pauer *Arbeit und Struktur* als politisch notwendigen Weckruf an eine selbstzufriedene Generation, deren Angehörige als gesellschaftlich stillgestellte Vertreter einzig um ihre Life-Work-Balance besorgt seien. Rhetorisch fragt die Kulturjournalistin: »Gibt es hierzulande vielleicht doch mehr Menschen, als man denkt, die das Einbetoniertsein im Positiven als Stillstandshorror empfinden?« Gegen die »Merkel-Ruhe« versteht Pauer den Blog als »Dokument höchster Intensität«, der einen »existentialistischen Schub« verleihe.[11] Die Journalistin, die sich der Gefahr bewusst ist, dass sich ihre Generation im Netz unkonzentrierten Lesens und Schauens allzu sehr verlieren könne,[12] hebt hervor, wie die infauste Diagnose bei Herrndorf eine geistig produktive Sammlung und Ordnung bewirkt hatte, fern jeder psychologischen Empfindsamkeit und Lebenshilfe: »Der Tod löst bei ihm [...] einen Zustand aus, in dem alles egal wird und gerade deshalb gar nichts mehr egal ist. Sein Blog ist eine radikale Verneinung von Indifferenz. [...] Sein Ich ist dabei weder durchtherapiert noch ausbalanciert.« Das Wunder, dass eine zerstörerische Krankheit bei dem Schriftsteller so umfänglich die schöpferischen Kräfte wecken konnte, bringt sie mit einer von Herrndorfs lebensweltlichen Leitmetaphern dankbar auf den Punkt: »Was uns den Stecker zieht, sind Szenen des Glücks, des manischen Arbeitens an unfertigen Manuskripten, die in rasender Schnelligkeit fertig und zu Bestsellern werden. Im Angesicht des Sterbens wird Herrndorf zu jemandem, der wieder absolut mit sich selbst rechnen kann.« Der drohende Tod vermag im Menschen eine notwendige Krise auszulösen, die ihn herausfordert, angesichts des nahenden Endes dem allzu flachen Leben noch einen tieferen Sinn abzutrotzen. Herrndorfs Schicksal wird zum Menetekel für alle: »Eine schreckliche Bedrohung, ein irrsinniger Motor. Er ist uns allen eingebaut.« Pauer gewinnt aus dem nachdenklichen Widerhall, den Herrndorf mit seinem Blog ausgelöst hat, neue Zuversicht für die gesamte Gesellschaft: »Wenn der Einzelne aufwacht, kann es auch das Ganze.«[13]

Den kulturkritischen Blick, der mit Wolfgang Herrndorf auf eine selbstzufriedene Gesellschaft fällt, vertieft Iris Radisch. Ihre hymnische Besprechung von *Bilder deiner großen Liebe* staunt darüber, dass der Schriftsteller sich kurz vor Ende seines Lebens doch noch hatte durchringen können, das »ergreifende Fragment« zu veröffentlichen, indem er seine Lektoren anwies, »zu redigieren, zu streichen, anzuordnen und zwischenzeitlich herausgenommene Passagen wieder einzufügen«[14] Die Leiterin des Feuilletons der *Zeit* stellt die »Roadnovel« als sozialromantische

Revolte gegen die bürgerlich saturierte Gesellschaft vor, in der sich die große Außenseiterin wunderbar behaupte: »›Der Abgrund zerrt an mir. Aber ich bin stärker.‹«[15] Iris Radisch sieht die eigenwillige Heldin Isa, die scheinbare »Gänsemagd«, als heimliche »Königstocher«. In »Szenen verschärfter metaphysischer Obdachlosigkeit« brilliere sie traumwandlerisch zwischen Nichts und Unendlichkeit, wenn Herrndorf sie sprechen lasse: »›Ich stelle mir vor, jemand sieht mich von oben, aber niemand sieht mich. Dabei liege ich so malerisch. Das glaube ich, und ich fühle mich so wohl und so tot und wie ein gestauter Fluss, über den in der Nacht immer wieder einmal der Wind geht.‹«[16] Mit genauem Gespür für die tiefere Intention beleuchtet Radisch solche Passagen des Romanfragments, in welchen die bezaubernde Wirkung Isas als weltanschauliche Vision des Schriftstellers vor Augen tritt: »Zunächst ist alles ungefähr so, wie es in *Tschick* schon war. – Müllberge, Schlauch, Brombeeren, Lada und so weiter. Aber dann legt Isa ihre Hände in ›magischen Bewegungen‹ über die Stirn, über die geschlossenen Augen und über die Schläfen des *Tschick*-Erzählers. [...] Und als Isa dann noch den Satz sagt, ›Lautlos geborgen und im Schutz meiner Hände und der schirmenden Nacht liegt er da‹, ist man sich plötzlich ganz sicher: Wolfgang Herrndorf hat sich in seinen letzten Lebensmonaten mit der verlorenen und wilden Isa seinen Schutzengel erschrieben.«[17] Ohne Zweifel legt die Besprechung den romantischen Zauber frei, in welchen sich der späte Herrndorf zu retten suchte, als seine realistische Wahrnehmung vor allem das wachsende Elend seines Lebens spiegelte.

II.

Aber die Resonanz auf *Arbeit und Struktur* als imponierende Einheit von Leben und Werk betrifft bald auch die Herausforderung des selbstbestimmten Sterbens. Im Januar 2014 erläutert Gero von Randow als Wissenschaftsjournalist der *Zeit* die gewachsene Bedeutung des Themas in einer Welt der fortschrittlichen Diagnostik und Therapie auch am Beispiel Wolfgang Herrndorfs: »Das war der Fall des Schriftstellers, der sein Leben mit einem Hirntumor und die Vorbereitung auf den Suizid in seinem viel gelesenen Blog *Arbeit und Struktur* beschrieb.«[18] Dass das gewachsene Bewusstsein für menschliche Autonomie ohne religiöse Einbindung den Anspruch an solche Freiheit in der modernen Gesellschaft habt drängend werden lassen, gehört zur geistigen Situation, wie sie von Randow schildert und für die Herrndorf mit seinem Blog als profunder Repräsentant steht.

Wenige Monate später wird Herrndorfs Position erstmals von der *Zeit*-Journalistin Susanne Schäfer als wichtige Orientierung in der politisch schwelenden Debatte um Sterbebegleitung eingeführt: »In der Frage der Sterbehilfe ist Deutschland gespalten. Ein gesetzliches Verbot scheiterte Anfang 2013 an Differenzen zwischen Union und FDP. [...] Die große Mehrheit der Bundesbürger aber spricht sich in Umfragen für eine Liberalisierung des assistierten Suizids aus. Auch Einzelne setzen immer wieder Zeichen: Der Schriftsteller Wolfgang Herrndorf nahm sich wegen eines unheilbaren Hirntumors das Leben, der Regisseur Helmut Dietl erklärte nach der Diagnose Lungenkrebs, er lehne eine Chemotherapie ab. Die einen feiern das als Selbstbestimmung, für andere ist es ein Frevel am Leben, das es möglichst lange zu bewahren gelte.«[19]

Implizit kommt Herrndorf erneut zur Sprache, als der ehemalige Intendant des MDR gut ein Jahr nach Herrndorf sich mit einer Schusswaffe das Leben nimmt. Der Artikel »Ein Cowboy sagt Adieu« stellt Udo Reiter in eine Reihe mit dem Schriftsteller und dem Essayisten Jean Améry, dessen Suizid seit 1978 öffentliche Resonanz im *Diskurs über den Freitod* erzeugt. Diese Ansicht rekurriert auf Oliver Tolmein, der kurz vor der plötzlichen Nachricht von Reiters Tod noch mit diesem im Deutschen Bundestag zu einer Debatte um Sterbebegleitung eingeladen gewesen war: »Ihm fielen eigentlich nur drei Menschen ein, die über Selbstmord erst in Büchern schrieben und ihn dann wirklich praktizierten. Jean Améry, der 1976 sein Buch *Hand an sich legen. Diskurs über den Freitod* veröffentlichte und sich 1978 umbrachte. Wolfgang Herrndorf, der sich im vergangenen Jahr in Berlin erschoss, weil er nicht länger an seinem Hirntumor leiden wollte. Und jetzt Udo Reiter, der 2012 mit seinen Thesen an die Öffentlichkeit ging.«[20]

Betrachtet man den Fall genauer, gibt es einige Berührungen mit Wolfgang Herrndorf. Auch Udo Reiter tritt mit seinen Überlegungen zum selbstbestimmten Sterben an die Öffentlichkeit. Vor allem die Autobiographie *Gestatten, dass ich sitzen bleibe. Mein Leben* verdichtet deutlich seinen Willen zum selbstbestimmten Sterben.[21] Bei Erscheinen des Buches druckte die *Zeit* zu Anfang 2013 die einschlägige Passage unter dem Titel »Meine letzte Freiheit« ab, in der es heißt: »Ich habe trotz Rollstuhl ein schönes und selbstbestimmtes Leben geführt. Ich möchte nicht als Pflegefall enden, der von anderen gewaschen, frisiert und abgeputzt wird. [...] Ich möchte nicht allmählich vertrotteln und als freundlicher oder bösartiger Idiot vor mich hindämmern. Und ich möchte ganz allein entscheiden, wann es so weit ist und ich nicht mehr will. Ohne Bevormundung durch einen Kardinal, einen Ärztepräsidenten oder einen Bundestagsabgeordneten.«[22] Dem erfolgreichen Medienmann ging es um den Zugang zu einem Medikament, das ihm das selbstbestimmte Sterben sicher und friedlich erlauben sollte: »Und wenn ich das entschieden habe, möchte ich mich ungern vor einen Zug rollen oder mir, wie das verschiedentlich empfohlen wird, eine Plastiktüte über den Kopf ziehen [...]. Ich möchte auch nicht in die Schweiz fahren und mich dort auf einem Parkplatz oder in einem Hotelzimmer von Mitarbeitern der Sterbehilfe Exit einschläfern lassen. / Ich möchte bei mir zu Hause, wo ich gelebt habe und glücklich war, einen Cocktail einnehmen, der gut schmeckt und mich dann sanft einschlafen lässt. Dieses Recht auf einen selbstbestimmten Tod ist das Gegenstück zum Recht auf ein selbstbestimmtes Leben.«[23]

Als Udo Reiter ein halbes Jahr vor seinem Tod am *Zeit*-Forum »›Wenn wir schon sterben müssen ...‹« teilnahm, zeichnete die Moderatorin einführend die Linie nach, die Herrndorf im Blog erstaunt von *Arbeit und Struktur* zu *Tschick* gezogen hatte: »Der Jugendroman, den ich vor sechs Jahren schrieb und an dem ich jetzt arbeite, ist voll mit Gedanken über den Tod. Der jugendliche Erzähler denkt andauernd darüber nach, ›ob man in 60 Jahren stirbt oder in 60 Sekunden‹, usw. Wenn ich das drinlasse, denken alle, ich hätte es nachher reingeschrieben. Aber soll ich es deshalb streichen?« Die Kohärenz des suizidalen Denkens führt Frauke Hamann zu einer andachtsvollen Verbeugung vor dem Schriftsteller: »Wolfgang Herrndorf erschießt sich am 26. August 2013 am Ufer des Hohenzollernkanals hier in Berlin. Ein Kreuz erinnert an der Stelle daran. Einem werden die Knie weich, wenn man dort steht.«[24] So schließt die Einführung auch mit einer Verscollage aus dem Prediger Salomon, die an Herrndorfs Blog anschließt: »Ein jegliches hat seine Zeit und alles

Vorhaben unter dem Himmel hat seine Stunde. Geboren werden hat seine Zeit. Sterben hat seine Zeit. Weinen hat seine Zeit. Lachen hat seine Zeit. Schweigen hat seine Zeit. Reden hat seine Zeit.«[25]

In der folgenden Diskussion wird Udo Reiter von Thomas Gottschalk nach der suizidalen Konsequenz gefragt, hatte er doch in *Mein Leben* geschildert, wie er als junger Mann vor einem harten Suizid zurückgeschreckt war: »Kann es aber nicht genauso sein, Herr Prof. Reiter, dass Sie eines Tages, hoffentlich eines sehr fernen Tages, vor dem Schierlingsbecher sitzen, den Sie sich schon lange wünschen, und ihn dann doch nicht runterbekommen?«[26] Die auratische Anspielung auf Sokrates verfängt nicht; Reiter bleibt bei der saloppen Bezeichnung des Sterbemittels und antwortet freimütig: »Nicht Schierling, Cocktail. Das kann sehr wohl sein. Das ist eine theoretische Diskussion, die wir führen, gar keine Frage. Und es sind ja Fälle bekannt, wo die Leute darum gekämpft haben, dass sie endlich das Pentobarbital im Kühlschrank hatten, und es dann nicht genommen haben. Ich finde auch, allein die Tatsache, dass man kann, hat ja schon was Beruhigendes. Dass man es dann nicht tut, steht auf einem anderen Blatt. Da habe ich auch so meine Erfahrungen gemacht. Als ich damals den Unfall hatte, ich war 23, da wollte ich nicht im Rollstuhl leben und wollte mich umbringen. Ich habe mir eine schöne Smith & Wesson besorgt, das ging damals, und ich weiß noch ganz genau im Studentenheim den Abend, als es soweit war. [...] Da ist mir plötzlich wie Schuppen von den Augen gefallen, dass ich gar nicht tot sein will, sondern leben will.«[27] Auf die Frage der Moderatorin, wie er sich heute bei einem »zweiten Versuch« verhalten würde, antwortet Reiter vielsagend: »Man kann ja auch was lernen. Die Lage ist für einen 70-Jährigen eine andere als für einen 23-Jährigen.«[28] Tatsächlich erschießt sich der Medienmann ein halbes Jahr später.[29] Im Nachruf seines Weggefährten Georg Löwisch, der heute Chefredakteur von *Christ und Welt* innerhalb der *Zeit* ist, heißt es lakonisch: »Er schickte mir seine Autobiografie zu, das Buch, von dem jetzt, nach seinem Tod, so viel die Rede ist.«[30]

Die Parallele zu Wolfgang Herrndorf zeigt sich auch in der Weise, wie Udo Reiter kurz vor seinem Tod in der Talkshow von Maybritt Illner die Theologin Margot Käßmann provozierte. Während der Schriftsteller seinen Unmut allein im Blog ausließ, irritierte der pensionierte Intendant die ehemalige Landesbischöfin direkt mit den Worten, er möchte rechtzeitig sagen können: »Es ist sehr schön gewesen, es hat mich sehr gefreut, aber jetzt möchte ich gehen.«[31] Dass er kaum eine Woche später den Worten die Tat folgen ließ, frappierte alle, die am Tag des Suizids auf einer Pressekonferenz der *Deutschen Gesellschaft für Humanes Sterben* in Berlin sich inmitten von Plakaten zusammenfanden, auf denen er unter anderen mit seinem Konterfei für den Slogan warb: »Mein Ende gehört mir«: »Udo Reiter hat mit seinem Selbstmord die Debatte um das Recht auf ein selbst gewähltes Lebensende in einer Art und Weise zugespitzt, die einen erschrecken lässt. Denn er hat aus der Theorie Praxis gemacht.«[32]

III.

Ein zweiter prominenter Fall selbstbestimmten Sterbens steht ebenso in Resonanz zu Herrndorfs Schreiben und Sterben. Im Februar 2015 schied Fritz J. Raddatz, der legendäre Feuilleton-Chef der *Zeit*, freiwillig aus dem Leben. Noch stärker und andauernder, als dies im Umfeld von Udo Reiter der Fall war, hatte der Journalist und Schriftsteller in Texten und Gesprächen der letzten Lebenszeit seine Sympathie für den Fall von Wolfgang Herrndorf bekundet. So sprach Raddatz ein knappes Jahr zuvor öffentlich über seinen vergeblichen Versuch, mit dem Autor von *Arbeit und Struktur* ins Gespräch zu kommen, als das Magazin der *Süddeutschen Zeitung* ihn mit dessen Geschichte mit folgenden Worten aus der Reserve zu locken suchte: »Der unrettbar an Krebs erkrankte Schriftsteller Wolfgang Herrndorf notierte nach dem Kauf eines Revolvers: ›Die gelöste Frage der Exitstrategie hat eine so durchschlagend beruhigende Wirkung auf mich, dass unklar ist, warum das nicht die Krankenkasse zahlt. Globuli ja, Bazooka nein. Schwachköpfe.‹«[33] Die Antwort besticht durch die Offenheit, mit welcher Raddatz – auch in eigener Sache – mögliche und unmögliche »Exit-Strategien« entfaltet: »Ein toller Satz. Ich habe ihm daraufhin ein Kärtchen geschrieben. Man sollte den Giftbecher auf Krankenschein bekommen. Sonst zwingt man die Leute dazu, sich am Kanal in den Kopf zu schießen oder sich vor den Zug zu werfen – was ich dem Zugführer gegenüber ungehörig finde. Ich werde mein Ende selber in die Hand nehmen. Ich habe eine Exit-Strategie gefunden. Ich hätte keine Lust, in die Schweiz zu fahren und einer Combo von Ärzten eine Sterbeerlaubnis abzutrotzen.«[34] In *Tagebücher 2002–2012* ist erkennbar, dass Raddatz die kurze Sympathie-Erklärung an Herrndorf Anfang August 2012 auf den Weg gebracht haben muss. Sein Eintrag, der anfangs das »große Verstummen« beklagt, das in der medialen Gesellschaft durch das »unentwegt[e] twittern, e-mailen, faxen, vor allem Telefon-plappern« eingetreten sei, schließt mit der enttäuschten Feststellung, auch vom Autor des Blogs, den er verfolgt hatte, keine Resonanz erhalten zu haben: »Dem Autor Herrndorf, den ich nicht persönlich kenne, aber schätze und der nach allem, was man weiß, mit dem Tode ringt, sandte ich – ›aus unbekannter Ferne‹ – ein ermunternd-liebenswürdiges Kärtchen. Keine Antwort.«[35]

Gegenüber den Journalisten der *Süddeutschen Zeitung* gesteht Raddatz auf die Nachfrage, ob er noch der »legendäre Gastgeber« sei: »Ich gebe keine Einladungen mehr, mein Telefonbüchlein ist voll mit Toten. Andauernd stirbt jemand.«[36] Diese Stimmung verdichtet auch das Tagebuch: »Und ich will nicht noch einmal das schwierige Thema ›Sterbehilfe‹ auswalzen. Aber aufschreiben will ich: Meine Seele ist verhornt. Ich bin traurig, gewiß, aber mehr im Sinne von ›schade‹, nicht im tiefsten, existentiellen Sinn erschüttert«.[37] Fritz J. Raddatz zermürbt das Fehlen von Resonanz im gehaltvollen Sinne. Er verdichtet seine Phänomenologie der Einsamkeit mit den pointierten Worten: »Die Welt schweigt. / Oder stirbt.«[38] Der einsame Narziss, der die Resonanz der Welt und der Freunde dringend benötigt, kultiviert seine Traurigkeit auch als Kenner großer Kunst: »Es wird so schwarz um mich herum wie auf dem (wunderschönen) tiefschwarzen Dubuffet-Blatt«.[39]

Was Fritz J. Raddatz bleibt, ist das sporadische Schreiben und die Ordnung seiner literarischen Essays. In diese Auswahl *Stahlstiche. 33 Einreden aus 35 Jahren* geht auch der späte Text »Mein Tod gehört mir« ein, der eingangs das suizidale Anliegen verdichtet: »Es ist die verklebte Bürgerlichkeit, gegen die ich mich verwahre. Goethes Selbstmörderbestseller ›Werther‹ ist Schullektüre so gut wie Schillers ›Kabale und Liebe‹ oder Fontanes ergreifende Novelle ›Schach von Wuthenow‹«.[40] Aber der Journalist belässt es nicht bei dem melancholischen Rückblick auf die große Literatur zum Selbstmord und beschreibt bissig die desolate Lage für all jene, die sich ein selbständiges Sterben unter ärztlicher Begleitung wünschen: »Ich bin kein Untertan. Doch nach wie vor herrscht da eine Verducktheit. Mühelos könnte ich ein Dutzend mir bekannte Menschen nennen – ›Prominente‹ wie sogenannte ›Normalbürger‹ –, die sagen: ›Wenn es so weit ist, finde ich hoffentlich einen verständnisvollen Arzt, der …‹«.[41]

Dass Raddatz drei Jahre später den Weg in die Schweiz wählen würde, war so nicht abzusehen. Man kann es rückblickend aus seinem Artikel »Ich verlange Ehrfurcht gegenüber Sterbewilligen« erahnen, berichtet er darin doch von persönlichen Recherchen bei dem Gründer der Institution *Dignitas*. Diese sind auch eine erschütterte Reaktion auf die Nachricht, »dass der Schriftsteller Wolfgang Herrndorf sich erschoss (Beihilfe durch Verkauf der Pistole?)«.[42] Über einen anderen Schriftsteller, der in seinem Tagebuch ebenfalls eindringlich den geplanten Suizid mit dem Revolver skizzierte, hatte Raddatz schon Jahre zuvor geschrieben. Es ist Sándor Márai, der ungarische Bestseller-Autor, welcher nach der kommunistischen Machtübernahme das Land verlassen hatte und dann über Jahrzehnte im Exil ein Tagebuch führte. Nach dem Tod seiner Frau Lola entschloss er sich, mit einer Schusswaffe sich das Leben zu nehmen. Die große Besprechung endet: »Sein Lebensgefühl des Taedium vitae hat er nie verborgen. Schon mit 43 Jahren fragt er zweifelnd, ob er – mag sein, doppelt so alt – dereinst glücklicher sein werde. […] Er kannte sehr genau die Doppeldeutigkeit des Wortes eitel, das ja auch vergebens bedeutet. […] Am 21. Februar 1989 erschießt sich Sándor Márai in San Diego, seinem amerikanischen Exil.«[43]

Raddatz wählte einen sanfteren Weg, geschockt von der Härte des Suizids bei dem sensiblen Schriftsteller Wolfgang Herrndorf. Sein letzter Verleger, Alexander Fest, erhielt am 27. Februar 2015, dem Tag nach dem assistierten Sterben, aus Zürich einen Abschiedsbrief, in welchem sich auf wenigen Zeilen verdichtet findet, was das späte Tagebuch von Raddatz an melancholischer Stimmung wiederkehrend durchzieht: »Ich bin leergelebt. Nur noch eine Hülse. Ich irre durch eine taube echolose Welt – ortlos. Ein überflüssiger Mensch.« Das Schreiben, das Wochen später in *Die Zeit* abgedruckt wurde, bekundet den Weltschmerz eines enttäuschten Romantikers, der endgültig seinen Enthusiasmus verloren hat: »Die Himmel, in die ich einst meine Hoffnungen malte, sind zerbrochen; und nicht nur meine Hoffnungen. Diese Himmel habe ich zeitlebens ausgemolken auch für die Hoffnung so manchen Künstlers, ihm jenen Mut zu Leben und Welt zu schenken, den ich nicht mehr habe. Das Rückgrat meines Lebens ist zerstört. Mein Horizont ist der Tod. Ich fürchte ihn nicht.«[44]

In seinem *Spiegel*-Nachruf anerkennt der Kulturjournalist Georg Diez dies selbstbestimmte Sterben als »Plädoyer für Sterbehilfe«.[45] Er stellt Fritz J. Raddatz in eine Reihe mit ihm geistig nahen Schriftstellern. Diese Reihe eröffnet Kurt Tucholsky, dessen Freitod 1935 im schwedischen Exil Raddatz immer als magischen Punkt in der deutschen Mentalitätsgeschichte empfunden habe. Und neben dem Diaristen Sándor Márai sieht er besonders Jean Améry mit *Hand an sich legen* und Wolfgang Herrndorf mit *Arbeit und Struktur* als wichtige Vorgänger im suizidalen Denken.[46] Im längeren Essay *Die letzte Freiheit. Vom Recht, sein Ende selbst zu bestimmen* verdichtet Diez seine Sympathieerklärung mit dem Leitmotiv aus *Arbeit und Struktur*: »›Ich muss wissen, dass ich Herr im eigenen Haus bin‹, schrieb Wolfgang Herrndorf in sein Tagebuch. ›Weiter nichts.‹«[47]

Diese Position unterstreicht in der Folge auch Catherine Newmark, als sie Wolfgang Herrndorf im Herbst 2015 in *Zeit Online* als Ikone der Freiheit genau betrachtet, zugleich geschockt von der Gewaltsamkeit seines Sterbens. Gleich Diez ruft die Schweizer Journalistin, als man im Deutschen Bundestag die Gesetzesnovelle zur mehrheitlich skeptisch betrachteten Sterbehilfe diskutiert, den Schlüsselsatz ins Gedächtnis, der die Tatherrschaft im eigenen Haus reklamiert: »Je länger ich in Deutschland lebe, desto mehr irritiert mich die Art, wie ethische und gesellschaftliche Debatten hierzulande geführt werden. [...] während mein Ausgangspunkt immer derjenige des Individuums war, das, wie es der tödlich erkrankte Schriftsteller Wolfgang Herrndorf formulierte, ›Herr im eigenen Hause‹ bleiben will und soll«.[48] Entsprechend schreibt Newmark, auch in Erinnerung an ihre Mutter, die in der Schweiz Mitglied von Exit gewesen war und zuletzt eines natürlichen Todes starb: »Alle Erfahrungen mit Vereinen wie Exit zeigen, dass die psychologische Stützfunktion der eigenen Vorstellung von Autonomie, die sie leisten, wesentlich zentraler ist als die eigentliche Todesbegleitung. Und dass sie Menschen, die sich in einem durchaus langen und schwierigen Prozess für den Tod als das kleinere Übel entscheiden, eine humane Alternative zur Gewalt gegen den eigenen Körper bieten, die jemand wie Wolfgang Herrndorf in Deutschland ausüben musste, indem er sich erschoss.«[49]

IV.

Das enorme Echo, das *Arbeit und Struktur* schon als Internet-Blog erfuhr, ist als Anerkennung des individuellen Bewusstseins für Freiheit zu lesen, das auch die Leserschaft von *Tschick* als jugendliche Ausbruchsphantasie faszinierte.[50] Nachdem *Arbeit und Struktur* in Buchform vorlag, wurde es rasch zu einem Klassiker des suizidalen Denkens, wie der letzte Abschnitt anzeigen wolle. Was Wolfgang Herrndorf mit seinen beiden literarischen Apologien autonomen Lebens leistet, beschreibt Hartmut Rosa als

Phänomen dynamischen Erzählens: »Menschen erzeugen starke empathische Resonanzen vor allem vermittels der Formulierung und Gestaltung von Geschichten.«[51]

Tiefer gehend konturierte Jürgen Habermas das Phänomen andauernder Resonanz eines Buches im Begriff des »Klassischen« in seinem Essay *Warum nicht lesen*: »Die Kanonisierung von vorbildlichen Texten, also das wortgetreue Festhalten eines Narrativs gegen den Sog der geschichtlichen Kontingenzen, macht sich eine zentrale Funktion der Schrift zunutze – die Fixierung des Buchstabens über den Zeitenabstand von Generationen und Jahrhunderten hinweg. Im Medium der Schrift können Werke, die auch den Nachgeborenen noch ›etwas zu sagen‹ haben, für die jeweiligen Zeitgenossen ihre Aktualität bewahren. Denn wie die Kunst im Allgemeinen hat die Literatur vom ursprünglich religiösen Erfahrungspotential das Versprechen abgespalten, *auf profane Weise außeralltägliche Erfahrungen zu artikulieren*. Dieser Aspekt des Heraushebens der gleichsam kristallisierten Worte individuell bekannter Autoren aus dem Strom der unauffällig-alltäglichen Traditionsaneignung und -fortsetzung spiegelt sich heute in unserem Begriff des ›Klassischen‹, den wir für profane Texte verwenden und mit den Namen ihrer wirkungsgeschichtlich herausragenden Autoren verbinden.«[52] Der Sozialphilosoph beschrieb die Bedeutung herausragender Werke gerade angesichts der beschleunigten Kommunikation der modernen Welt, die im Buchdruck einsetzte, in den Anfängen der Industrialisierung an Fahrt aufnahm und mit der digitalen Revolution nochmals eine neue Dimension erreichte: »Mit dieser globalen Entgrenzung in Raum und Zeit haben [diese Innovationen] sich zugleich *beschleunigt* und *verdichtet*, nach Funktion und Inhalt *ausdifferenziert* und *vervielfältigt* und über schichtenspezifische Grenzen hinweg *verallgemeinert*.«[53]

Diesen rapiden Wandel, der um 1800 auch an den Aufstieg des internationalen Handelsverkehrs gebunden war, verdichtete Goethe im klassisch gewordenen Topos der »Weltliteratur«: »Nationalliteratur will jetzt nicht viel sagen; die Epoche der Weltliteratur ist an der Zeit, und jeder muß jetzt dazu wirken, diese Epoche zu beschleunigen.«[54] Die Grundlage für solch gesteigerte Formen der Kommunikation legte die Aufklärung mit der gebildeten Lesekultur, zu welcher in der Romantik die neu erwachte »Lesewut« trat, wie die Literaturhistorie beschreibt.[55] In den beschleunigten Kommunikationsverhältnissen können auch Bücher weltliterarisch Karriere machen, wenn sie Mentalitäten der Zeit suggestiv zur Sprache bringen. In diesem erweiterten Sinne hat Stefan Matuschek den für Herrndorf zentralen Jugendroman *Der Fänger im Roggen* zuletzt als klassisches Beispiel für die Ausdrucks- und Orientierungsfunktion von Weltliteratur beschrieben, unabhängig von der Frage, ob das Werk im engeren Sinne zum Kanon einer gebildeten Elite gehöre. So zeugt der Begriff »Weltliteratur« nicht nur von der Internationalität eines Buches, sondern ebenso von dessen Fähigkeit, grenz- und gesellschaftsübergreifend eine bestimmte Weltanschauung für ein größeres Publikum verdichten zu können: »Es ist die Einsicht, dass Literatur, insbesondere große Erzähltexte die kompaktesten und zugleich reichhaltigsten Phänomene sind, die uns bestimmte, jeweils kultur- und milieuspezifische Auffassungen und Vorstellungen von ›Welt‹ vergegenwärtigen.«[56]

Entsprechend ist *Tschick* als Jugendroman nicht fern von *Der Fänger im Roggen* als weltliterarisches Ereignis zu verstehen, das dem jugendlichen Freiheitsdrang gegenüber normierten Vorstellungen des Erwachsenwerdens für das junge 21. Jahrhundert eine Stimme verleiht. Für *Tschick* kann insofern geltend gemacht werden, was Matuschek für *Der Fänger im Roggen* schreibt: »Der internationale Austausch, den Goethe mit dem Begriff ›Weltliteratur‹ meinte, wird zu einem neuen Aufklärungs- und im besten Fall Verständigungsprojekt, wenn man ihn auf den anderen ›Welt‹-Bezug der Literatur fokussiert, auf ihr Vermögen, die verschiedenen Vorstellungen von ›Welt‹ zu artikulieren und damit erfahr- und studierbar zu machen.«[57]

Auf andere Weise gehört *Arbeit und Struktur* im nationalen Rahmen zu den wenigen klassischen Texten der Suizidliteratur, die plötzlich für eine größere Anzahl von Menschen in einer liberaldemokratischen Gesellschaft westlichen Zuschnitts diese signifikante Orientierungsfunktion übernehmen. Dabei steht Wolfgang Herrndorf für eine persönliche Freiheit, die ihn auch die zunehmenden Einschränkungen durch die Krankheit schildern lässt, um schließlich den Punkt der suizidalen Entschlossenheit zu markieren, an dem es ihm selbst gerade noch möglich sein wird, sein Leben unter eigener Kontrolle zu beenden. Bis dahin ist es aber Anliegen von *Arbeit und Struktur*, Lesen und Schreiben als herausragende Möglichkeiten darzustellen, in dieser Grenzsituation des Lebens bestehen zu können. Wolfgang Herrndorf zeigt, wie im Wandel der inneren und äußeren Situation die literarische Aktivität in verschiedenem Maße erlaubt, den Ambivalenzen der Freiheit zu begegnen.

Von daher ist die Leserschaft von *Arbeit und Struktur* implizit aufgefordert, sich selbst auch über das autobiographische Buch hinaus der Mühe des Lesens zu unterziehen, um die herausfordernden Erfahrungen von Kontingenz und Nihilismus so gut als möglich bewältigen zu können. In diesem Anspruch liegt der gravierende Unterschied zu *Tschick* als Jugendroman, dem sich die Leserschaft noch ganz in der aufbrechenden Stimmung der Freiheit hingeben kann, ohne im ersten Enthusiasmus schon die Ambivalenzen der Autonomie bedenken zu müssen. Gleichwohl taucht der Gedanke des Sterbenmüssens, der im Blog Grund der täglichen Reflexionen ist, schon als leise Ahnung dessen auf, was sich autobiographisch in den Gedankenbewegungen von *Arbeit und Struktur* entfalten wird.

Narrative Resonanz im Raum existentiell haftbarer Weltliteratur ist die Forderung, die *Arbeit und Struktur* in streitbarer Form stellt. Hier ist an Goethe, eine der zentralen Referenzen Herrndorfs, zu erinnern, der zu seiner Zeit schon mit polemischer Verve die mentale Geschmeidigkeit allzu gewandter Geister in der ungebremsten Beschleunigung des technischen Fortschritts kritisierte. Sein berühmtes Diktum, das Walter Benjamin in die Briefanthologie *Deutsche Menschen* aufnahm, warnt mit dem Anspruch einer tiefer gehenden Lesekultur vor der allzu raschen und wahllosen Verbindung zwischen den Menschen: »Reichthum und Schnelligkeit ist, was die Welt bewundert und wonach jeder strebt. Eisenbahnen, Schnellposten, Dampfschiffe und alle mögliche Facilitäten der Communication sind es, worauf die gebildete Welt ausgeht, sich zu überbilden und dadurch in der Mittelmässigkeit zu verharren«.[58] In diesem Geist schreibt Herrndorf ein halbes Jahr nach der Diagnose mit drastischen Worten im Blog: »Große Lektüre von großem Mist zu unterscheiden, ist ein zeitraubendes Unterfangen, wenn man aus kulturfernen Schichten kommt und niemanden kennt, der sich sonst noch dafür interessiert.«[59] Ihm geht es nach dem Klassiker in der Literatur gerade auch um die Romane aus Romantik und Realismus des 19. und frühen 20. Jahrhunderts; neben dem Russen Dostojewskij sind es vor allem die Franzosen Stendhal und Marcel Proust, deren philosophisch imprägnierte Schriften ihn aus der großen Weltliteratur fesseln. Herrndorf liest existentiell, so wie Albert Camus es einmal emphatisch umschrieb: »Die großen Romanciers sind philosophische Romanciers, das heißt das Gegenteil von Thesen-Schriftstellern. So Balzac, Sade, Melville, Stendhal, Dostojewskij, Proust, Malraux, Kafka, um nur einige von ihnen anzuführen.«[60]

Zugleich zeigt die anhaltende Resonanz, die der Blog seit dem Erscheinen als Buch in der größeren Öffentlichkeit 2013 erfährt, die gewachsene Offenheit der Gesellschaft, Liberalität und Pluralität im Wunsch nach selbstbestimmtem Sterben anzuerkennen, wie sie das jüngste Urteil des Bundesverfassungsgerichts reklamiert.[61] *Arbeit und Struktur* wird als glaubwürdige Rechtfertigung der Freiheit gelesen. Als literarische Kasuistik sucht der Autor aus innerster Betroffenheit dem Publikum anschaulich zu machen, dass der Wunsch nach selbstbestimmtem Sterben nicht willkürlich sein muss. Vielmehr kann er eine langfristig und tiefgründig bedachte Entscheidung sein, die innere Ambivalenzen einschließt und die Idee der Freiheit nicht geschichtslos glorifiziert. Dass der Blog für dieses Anliegen Wolfgang Herrndorfs zum ersten Medium wurde und später das Buch so wirksam eine breite Aufmerksamkeit fand, zeugt von der Fähigkeit des Schriftstellers, seine besondere Einsamkeit einem allgemeinen Publikum nahezubringen und eine literarische Resonanz zu erzeugen, deren Berührungs- und Verwandlungskraft selten ist. Mit Worten Hartmut Rosas gesprochen: »Wir [...] machen die Erfahrung: Ein anderes *In-der-Welt-Sein* ist möglich. Viel ist deshalb dem gewonnen, der sich einmal von einem Gedicht, einem Roman, einer Novelle wirklich berühren, ergreifen und verwandeln lässt. Er oder sie lernt dabei, mit einem Anderen, einem Fremden, Irritierenden, vielleicht zuerst sogar Störenden so in Verbindung zu treten, dass dieses Neue keine Angst und Abwehr produziert, sondern eigene Selbstwirksamkeit erfahren lässt. Denn wir lesen ja in aller Regel in einem sicheren, geschützten Raum, der es uns ermöglicht, uns vertrauensvoll zu öffnen, wie wir uns einem realen Fremden gegenüber kaum je öffnen und berührbar machen könnten.«[62]

Es geht um das kulturelle Privileg, die innere Welt der anderen Menschen jenseits konventioneller Gegebenheiten über Bücher so begreifen zu können, dass man im Versuch, den anderen zu verstehen, erst zu dem wird, der man selbst sein kann. Wolfgang Herrndorf erfuhr es in der Grenzsituation seiner tödlichen Krankheit in seltener Intensität und besaß die Fähigkeit, seine Leserschaft mit auf diesen Weg der inneren Verwandlung in einer Zeit der äußeren Einengung zu nehmen.[63] Was Lesen in diesem Zusammenhang bedeutet, lässt sich auch in Worten Wilhelm Heinrich Wackenroders fassen, der dem Autor von *Arbeit und Struktur* in Leben und Denken nahe war. Der früh verstorbene Romantiker schrieb mit großartigem Pathos: »O so ahndet euch doch in die fremden Seelen hinein, und merket, daß ihr mit euren verkannten Brüdern die Geistesgaben aus derselben Hand empfangen habt! Begreift doch, daß jedes Wesen nur aus den Kräften, die es vom Himmel erhalten hat, Bildungen aus sich herausschaffen kann, und daß einem jeden seine Schöpfungen gemäß sein müssen. Und wenn ihr euch nicht in alle fremde Wesen hineinzufühlen, und durch ihr Gemüt hindurch ihre Werke zu empfinden vermöget; so versuchet wenigstens, durch die Schlußketten des Verstandes mittelbar an diese Überzeugung heranzureichen.«[64]

Anmerkungen

»Ich muss wissen …«
Wolfgang Herrndorf im Spiegel von *Arbeit und Struktur*

1 Goethe (1978), S. 71.
2 Camus (1999), S. 134.
3 Herrndorf (2013), S. 365.
4 Ebd., S. 235.
5 Ebd.
6 Vgl. die Sammlung *Das unbekannte Kapitel: Wolfgang Herrndorfs Bilder*: Möllers/Schäfer/Wetjen (2017).
7 Herrndorf (2013), S. 235.
8 Ebd.
9 Herrndorf (2002), S. 164.
10 Ebd., S. 401.
11 Ebd., S. 337.
12 Ebd., S. 113 f.
13 Ebd. S. 22.
14 Ebd., S. 195.
15 Passig (2015), S. 437.
16 Herrndorf (2013), S. 35.
17 Ebd., S. 38.
18 Ebd., S. 33.
19 Ebd., S. 44.
20 Ebd. S. 67.
21 Ebd., S. 69.
22 Ebd., S. 71.
23 Vgl. Salinger (2004) und Matuschek (2018).
24 Herrndorf (2013), S. 152.
25 Ebd., S. 161.
26 Ebd., S. 262.
27 Ebd., S. 421.
28 Ebd., S. 79.
29 Ebd., S. 92 f.
30 Ebd., S. 93.
31 Ebd., S. 94.
32 Ebd., S. 178.
33 Ebd., S. 185.

34 Ebd., S. 196.
35 Ebd.
36 Ebd., S. 219.
37 Ebd., S. 230.
38 Ebd. S. 244.
39 Ebd., S. 254.
40 Ebd., S. 252.
41 Ebd., S. 273 f.
42 Maar (2015), S. 756.
43 Herrndorf (2013), S. 239.
44 Ebd., S. 257 f.
45 Vgl. ebd., S. 213.
46 Ebd., S. 274 f.
47 Ebd., S. 316.
48 Camus (1999), S. 137.
49 Herrndorf (2013), S. 294.
50 Ebd., S. 319.
51 Ebd., S. 310.
52 Ebd., S. 314 f.
53 Ebd., S. 344.
54 Ebd., S. 354.
55 Ebd., S. 362.
56 Ebd., S. 392.
57 Ebd., S. 397.
58 Ebd. S. 405.
59 Ebd., S. 407.
60 Ebd., S. 411.
61 Ebd., S. 424.
62 Ebd., S. 412.
63 Camus (1999), S. 135.
64 Herrndorf (2013), S. 417.
65 Ebd., S. 418.
66 Ebd., S. 419.
67 Ebd., S. 423.
68 Vgl. ebd.
69 Rüther (2015), S. 588.
70 Herrndorf (2013), S. 425.
71 Ebd.
72 Ebd., S. 439.

73 Camus (1999), S. 137.
74 Herrndorf (2013), S. 50.
75 Ebd., S. 75.
76 Ebd.
77 Ebd.
78 Ebd., S. 79 f.
79 Dostojewskij (1998), S. 855.
80 Herrndorf (2013), S. 214.
81 Ebd., S. 181.
82 Ebd., S. 73.
83 Ebd.
84 Vgl. ebd., S. 236: »Als Ludger und der mit den roten Haaren noch dabei waren, hatten wir einmal eine Mannschaft, in der die Hälfte Proust komplett gelesen hatte. Und wir hatten uns alle übers Kicken kennengelernt.«
85 Herrndorf (2013), S. 90.
86 Dostojewskij (1990), S. 92.
87 Ebd., S. 93.
88 Ebd., S. 251.
89 Dostojewskij (1996), S. 597.
90 Herrndorf (2013), S. 247.
91 Ebd., S. 372.
92 Vgl. die Wikipedia-Angaben zum Film: https://de.wikipedia.org/wiki/Halt_auf_freier_Strecke.
93 Herrndorf (2013), S. 281.
94 Ebd., S. 63.
95 Ebd., S. 369.
96 Ebd.
97 Vgl. den Film des Schweizer Fernsehens »Tod nach Plan – Sterbehilfe«, der Abschied und Sterben von André Rieder begleitet und heute auf YouTube in mehreren Teilen abrufbar ist.
98 Herrndorf (2013), S. 254.
99 Vgl. Terry Pratchett. Choosing to Die (YouTube, 21.1.2021): https://www.youtube.com/watch?v=P7cX-jqw4oY. Internetquelle abgerufen am 11. Juni 2021.
100 Herrndorf (2013), S. 308.
101 Ebd., S. 309 f.
102 Ebd., S. 305.
103 Ebd., S. 420.

104 Ebd., S. 306.

105 Ebd.

106 Vgl. Matuschek (2021), S. 95 ff.

107 Herrndorf (2013), S. 39 f.

108 Ebd., S. 359 f.

109 Ebd.

110 Ebd.

111 Goethe (1978), S. 8.

112 Vgl. den Kommentar von Erich Trunz in: Goethe (1981), S. 483 f.

113 Herrndorf (2013), S. 278.

114 Ebd., S. 312.

115 Dostojewskij (1998), S. 858.

116 Vgl. Revidierte Lutherbibel 1984, Psalm 88.

117 Vgl. Goethe (1978), S. 86. Der Vers ist eine Variation von Matthäus 27,46.

118 Herrndorf (2013), S. 394 f.

119 Vgl. Auerbach (1949), S. 271–296 und Bormuth (2019), S. 7–17.

120 Auerbach (2018), S. 392.

121 Vgl. Erich Trunz' Nachwort zum *Werther* in: Goethe (1978), S. 160.

122 Rüther (2015), S. 602.

123 Herrndorf (2013), S. 292.

124 Ebd., S. 332 f.

125 Ebd., S. 105.

126 Rosa (2020), S. 215.

127 Herrndorf (2013), S. 105.

128 Ebd., S. 232.

129 Ebd., S. 421.

130 Camus (1999), S. 114.

131 Herrndorf (2013), S. 143 f.

132 Ebd., S. 145.

»Was uns den Stecker zieht …«
Arbeit und Struktur und seine Resonanzen

1 Goethe (1978), S. 104.

2 Camus (1999), S. 136.

3 Rosa (2020), S. 213.

4 Joel (2013).

5 Zeit online, *Die Zeit*, 27. August 2013.

6 Herrndorf (2012).
7 Mangold (2013).
8 Mangold (2013).
9 Ebd.
10 Cammann/Grünbein/Lewitscharow (2013).
11 Pauer (2013).
12 Vgl. Pauer (2012).
13 Pauer (2013).
14 Vgl. Radisch (2014).
15 Ebd.
16 Vgl. ebd.
17 Ebd.
18 Randow v. (2014).
19 Schäfer (2014).
20 Vgl. Schirmer/Machowecz (2014).
21 Vgl. das Kapitel »›Wir alle fallen, diese Hand da fällt.‹«, in: Reiter (2013a), S. 228–233.
22 Vgl. Reiter (2013b) und Reiter (2013a), S. 232.
23 Ebd.
24 Vgl. Hamann (2014).
25 Vgl. Prediger 3, 1–7, in: Lutherbibel (1984).
26 Gottschalk (2014).
27 Reiter (2014).
28 Ebd.
29 Dpa-Meldung (2014).
30 Löwisch (2014).
31 Vgl. Schirmer/Machowecz (2014).
32 Ebd.
33 Michaelsen/Raddatz (2014).
34 Ebd.
35 Raddatz (2014a), S. 669.
36 Michaelsen/Raddatz (2014).
37 Raddatz (2014a), S. 691.
38 Ebd., S. 691f.
39 Ebd., S. 692.
40 Raddatz (2013), S. 40.
41 Ebd., S. 42.
42 Raddatz (2014b).
43 Raddatz (2009).

44 Fritz J. Raddatz: Brief an Alexander Fest, 24.2.2015, in: Raddatz (2015).
45 Diez (2015a).
46 Vgl. Herrndorf (2013).
47 Diez (2015b), S. 32 f.
48 Newmark (2015).
49 Vgl. ebd.
50 Vgl. die Darstellung Herrndorfs bei dem Psychosomatiker Hans Wedler in: Wedler (2016), S. 47, 98, 112 und 128.
51 Rosa (2020), S. 204.
52 Habermas (2020), S. 101.
53 Ebd., S. 103.
54 Vgl. Johann Wolfgang v. Goethe, 31. Januar 1827, zitiert nach: Eckermann (1923), S. 270.
55 Vgl. Matuschek (2021), S. 205–208.
56 Matuschek (2018), S. 434.
57 Ebd., S. 435.
58 Vgl. Brief Johann Wolfgang v. Goethe an Carl Friedrich Zelter, 6. Juni 1825, zitiert nach: Benjamin (2008), S. 10.
59 Ebd., S. 78.
60 Camus (1999), S. 121.
61 Ferdinand von Schirach nimmt in seinem Theaterstück *Gott*, das wenige Monate nach dem liberalen Karlsruher Urteil im Frühjahr 2020 erscheint, die Thematik des selbstbestimmten Sterbens und des assistierten Suizids auf. In der Neuauflage von *Ambivalenz der Freiheit. Ergänzte Studien zum suizidalen Denken* habe ich Schirachs literarische Verarbeitung untersucht und die Position von Herrndorf teilweise eingeführt. Vgl. Schirach (2020) und Bormuth (2021), S. 339–362. Anschließend werden die weiteren Überlegungen zur Revision der Gesetzgebung diskutiert, wie sie Fachleuchte aus Medizinethik, Medizinrecht und Palliativmedizin vorlegten. Vgl. Borasio/Jox/Tauptiz/Wiesing (2020).
62 Rosa (2020), S. 210.
63 Zum existenzphilosophischen Begriff der Grenzsituation und seiner Bedeutung für das suizidale Denken, auch im Blick auf Wolfgang Herrndorf, vgl. Bormuth (2021), S. 348–351.
64 Wackenroder, S. 179 f.

Literatur

Arendt, Hannah (1965): *Über die Revolution*, München.

– (2016): *Sokrates. Apologie der Pluralität*, hg. von Matthias Bormuth, Berlin.

– (2019): *Freundschaft in finsteren Zeiten. Gedanken zu Lessing*, hg. von Matthias Bormuth, Berlin.

Auerbach, Erich (1949): *Mimesis. Dargestellte Wirklichkeit in der abendländischen Literatur*, Bern.

– (2017): *Die Narbe des Odysseus. Philologie der Weltliteratur*, hg. von Matthias Bormuth, Berlin.

– (2018): *Gesammelte Aufsätze zur romanischen Philologie*, hg. von Matthias Bormuth und Martin Vialon, 2., erg. Aufl., Tübingen.

Benjamin, Walter (2008): *Deutsche Menschen*, hg. von Momme Brodersen, Frankfurt a. M.

Borasio, Gian Domenico, Jox, Ralf J., Taupitz, Jochen und Wiesing, Urban (2020): *Selbstbestimmung im Sterben – Fürsorge zum Leben. Ein verfassungskonformer Gesetzesvorschlag zur Regelung des assistierten Suizids*, Stuttgart.

Bormuth, Matthias (2008): *Ambivalenz der Freiheit. Suizidales Denken im 20. Jahrhundert*, Göttingen.

– (2019): »Einführung. Weltliteratur und verwandte Ideen«, in: Lamping/Tihanov (2019), S. 399–413.

– (2019): *Die Verunglückten. Bachmann, Johnson, Meinhof, Améry*, Berlin.

– (2020a): *Erich Auerbach. Kulturphilosoph im Exil*, Göttingen.

– (2020b): *Wir modernen Menschen. Über Max Weber*, Göttingen.

– (2021): *Das Geisterreich. Kant und die Folgen*, Göttingen.

– (2021): *Ambivalenz der Freiheit. Ergänzte Studien zum suizidalen Denken*, Göttingen.

Cammann, Alexander, Grünbein, Durs und Lewitscharow, Sibylle (2013): »›Freude, Freude, Freude!‹«. Ein Gespräch, in: *Die Zeit*, 24. Oktober 2013.

Diez, Georg (2015): »Die größte Freiheit. Nachruf auf Fritz J. Raddatz«, in: *Der Spiegel*, Nr. 11, 6. März 2015.

– (2015b): *Die letzte Freiheit: Vom Recht, sein Ende selbst zu bestimmen*, Berlin.

Dostojewskij, Fjodor. M. (1978): *Die Brüder Karamasow*, München.

– (1990): *Briefe*, 2 Bde., hg. von Ralf Schröder, Frankfurt a. M.

– (1996): *Der Idiot*, Zürich.
– (1998): *Böse Geister*, Zürich.
dpa-Meldung (2013): »Wolfgang Herrndorf«, in: *Zeit-Online*, 27. August 2013.
– (2014): »Ehemaliger MDR-Chef Udo Reiter ist tot«, in: *Zeit-Online*, 10. Oktober 2014.
Eckermann, Johann Peter (1923): *Gespräche mit Goethe*, hg. von Franz Deibel, Leipzig.
Goethe, Johann Wolfgang (1978): *Die Leiden des jungen Werther*, hg. von Erich Trunz, München.
– (1981): *Werke. Bd. 1: Gedichte und Epen*, hg. von Erich Trunz, München.
Fokke, Joel (2013): »Schreiben gegen das Ende«, Nachruf Wolfgang Herrndorf, in: *Die Zeit*, 27. August 2013.
Guski, Andreas (2018): *Dostojewskij. Eine Biographie*, München.
Habermas, Jürgen (2020): »Warum nicht lesen?«, in: *Warum Lesen. Mindestens 24 Gründe*, hg. von Katharina Raabe und Frank Wegner, Berlin 2020, S. 99–123.
Hamann, Frauke (2014): »Einleitung« zu: 53. Zeit-Forum: »Wenn wir schon sterben müssen …«, 9. April 2014, Berlin, Berlin-Brandenburgische Akademie der Wissenschaften, zitiert nach: https://docplayer.org/21977811-53-zeitforum-wissenschaft-wenn-wir-schon-sterben-muessen.html.
Herrndorf, Wolfgang (2002/2008): *In Plüschgewittern*, Reinbek bei Hamburg.
– (2007): *Diesseits des Van-Allen-Gürtels*, Berlin.
– (2010): *Tschick*, Berlin.
– (2011): *Sand*, Berlin.
– (2012): »›Also nichts Gutes‹. Über sein Leben mit Hirntumor schreibt Wolfgang Herrndorf in einem bewegenden Online-Tagebuch«, in: *Die Zeit*, 8. November 2012.
– (2013): *Arbeit und Struktur*, Berlin.
– (2014): *Bilder deiner großen Liebe. Ein unvollendeter Roman*, hg. von Marcus Gärtner und Kathrin Passig, Berlin.
– (2015a–c): *Gesamtausgabe*, Bde. 1–3, Berlin.
Klappert, Annika (Hg.) (2015): *Wolfgang Herrndorf*, Weimar.
Lamping, Dieter und Tihanov, Galin (Hg.) (2019): *Vergleichende Weltliteraturen/Comparative World Literatures. DFG-Symposium 2018*. Unter Mitwirkung von Matthias Bormuth, Stuttgart.

Löwisch, Georg (2014): »Udo Reiter. Sein Aufbau Ost«, in: *Die Zeit*, 16. Oktober 2014.
Lutherbibel (1984): Text in der revidierten Fassung von 1984, Stuttgart.
Mangold, Ijoma (2013): »Ich schlafe mit der Waffe in der Faust, ein sicherer Halt, als habe jemand einen Griff an die Realität geschraubt«, in: *Die Zeit*, 28. November 2013.
Matuschek, Stefan (2019): »Weltliteratur und die Dialektik der Weltanschauungen«, in: Lamping/Tihanov (2019), S. 433–449.
– (2021): *Der gedichtete Himmel. Eine Geschichte der Romantik*, München.
Lorenz, Matthias N. (Hg.) (2019): *»Germanistenscheiß«. Beiträge zur Werkpolitik Wolfgang Herrndorfs*, Berlin.
Maar, Michael (2015): »›Er hat's mir gestanden‹ – Überlegungen zu Wolfgang Herrndorfs ›Sand‹«, in: Herrndorf (2015b), S. 756–773.
Michaelsen, Sven und Raddatz, Fritz J. (2014): »›Gedanken an den Tod vergällen das Leben nicht, sie intensivieren es‹. Sven Michaelsen im Gespräch mit Fritz J. Raddatz«, in: *Süddeutsche Zeitung-Magazin*, 9. April 2014.
Möllers, Sebastian, Schäfer, Andreas und Wetjen, Regina (2017): *Das unbekannte Kapitel. Wolfgang Herrndorfs Bilder*, Dortmund.
Newmark, Catherine (2015): »Der Tod gehört allen«, in: *Zeit-Online*, 2. November 2015.
Passig, Kathrin (2015): »Porträt des Künstlers als erfolgloser Autor«, in: Herrndorf (2015a), S. 432–439.
Pauer, Nina (2012): *Wie wir vor lauter Kommunizieren unser Leben verpassen*, Frankfurt a. M.
– (2013): »Wolfgang Herrndorf. Er war krank. Was sind wir?«, in: *Die Zeit*, 5. Dezember 2013.
Raddatz, Fritz J. (2009): »Eines Menschen Herz. Die Tagebücher des Sándor Márai«, in: *Die Welt*, 24. Januar 2009.
– (2013): *Stahlstiche. 33 Einreden aus 35 Jahren*, Reinbek bei Hamburg.
– (2014a): *Tagebücher 2002–2012*, Reinbek bei Hamburg.
– (2014b): »Ich verlange Ehrfurcht gegenüber Sterbewilligen«, in: *Die Welt*, 22. August 2014.
– (2015): »Brief an Alexander Fest, 24. 2. 2015«, in: *Die Zeit*, 19. März 2015.

Radisch, Iris (2014): »Und Engel gibt es doch. Wolfgang Herrndorfs nachgelassener Roman ›Bilder deiner großen Liebe‹«, in: *Die Zeit*, 18. September 2014.
Randow, Gero von (2014): »Dein Tod gehört allen. Suizid ist keine Privatsache. Organisierte Sterbehilfe muss verboten werden«, in: *Die Zeit*, 23. Januar 2014.
Reiter, Udo (2013a): *Gestatten, dass ich sitzen bleibe. Mein Leben*, Berlin.
– (2013b): »Meine letzte Freiheit«, in: *Die Zeit*, 7. Februar 2013.
– (2014): »Beitrag«, in: 53. Zeit-Forum: »Wenn wir schon sterben müssen ...«, 9. April 2014, Berlin, Berlin-Brandenburgische Akademie der Wissenschaften, zitiert nach: https://docplayer.org/21977811-53-zeitforum-wissenschaft-wenn-wir-schon-sterben-muessen.html.
Rosa, Hartmut (2020): »Narrative Resonanz«, in: *Warum Lesen. Mindestens 24 Gründe*, hg. von Katharina Raabe und Frank Wegner, Berlin 2020, S. 203–224.
Rüther, Tobias (2015): »Independence Day. Über das Werk von Wolfgang Herrndorf«, in: Herrndorf (2015c), S. 585–603.
Salinger, J. D. (2004): *Der Fänger im Roggen*, Reinbek bei Hamburg.
Schäfer, Susanne (2014): »Fasten als letzte Lösung. Schwerkranke oder Lebensmüde wählen oft den ›natürlichen‹ Suizid«, in: *Die Zeit*, 10. April 2014.
Schirmer, Stefan und Machowecz, Martin (2014): »Ein Cowboy sagt Adieu«, in: *Die Zeit*, 16. Oktober 2014.
Schnabel, Ulrich und Schweitzer, Jan (2013): »Die schwerste Entscheidung«, in: *Die Zeit*, 5. Dezember 2013.
Wackenroder, Wilhelm Heinrich (1984): *Dichtung, Schriften, Briefe*, hg. von Gerda Heinrich, Berlin.
Wackenroder, Wilhelm Heinrich und Tieck, Ludwig (2013): *Herzensergießungen eines kunstliebenden Klosterbruders*, hg. von Martin Bollacher, Stuttgart.
– (2018): *Phantasien über die Kunst*, Stuttgart.
Wedler, Hans (2016): *Suizid kontrovers. Wahrnehmungen in Medizin und Gesellschaft*, Stuttgart.

Dank

Im Februar 2020 fand im Oldenburger Karl Jaspers-Haus das Seminar »Suizid als philosophisch-psychiatrisches Problem« statt, bei welchem das Leben, Schreiben und selbstbestimmte Sterben Wolfgang Herrndorfs mehr als einmal in der Diskussion stand. Der klinische Psychiater Michael Schmidt-Degenhard und der Psychosomatiker Hans Wedler nahmen als Referenten an dem interdisziplinären Gespräch teil. Ihnen beiden sowie allen weiteren DiskutantInnen gilt mein herzlicher Dank.

Zudem verdanke ich viele Anregungen dem Austausch mit Malte Maria Unverzagt, der als jüngerer Wissenschaftler die Arbeit der Professur für Vergleichende Ideengeschichte im Karl Jaspers-Haus begleitet. Die Balkon-Gespräche gehören ebenso zum Werden des Essays wie seine genaue Redaktion.

Ursprünglich war gedacht, die Überlegungen zu Wolfgang Herrndorf in *Ambivalenz der Freiheit. Ergänzte Studien zum suizidalen Denken* aufzunehmen; aber im Verfertigen gewannen die Gedanken einen Umfang, für den Philipp Mickat als Lektor die passende Gestalt fand. Thedel von Wallmoden sei für die Offenheit gedankt, den Essay in eigenständiger Form ins Programm seines Verlags zu nehmen.

Michael Schmidt-Degenhard, dem Freund und Anreger, der im November 2020 nach schwerer Krankheit zu früh starb, sei das Büchlein gewidmet.

Matthias Bormuth
Oldenburg, im Oktober 2021